菅原信海

日本人の神と仏

日光山の信仰と歴史

法藏館

はじめに

本書の上梓を思い立つようになって、想いを過去の日々に馳せてみた。そして、強烈な想い出として蘇ってきたことは、なんといっても僧としての第一歩である得度であった。つまり、私の人生を決定づけた想い出とは、この得度なのである。時に歳十一、得度式は、日光山輪王《りんのう》寺《じ》門跡の道場御霊殿《ごれいでん》においてであった。得度受戒を終え、僧籍に身を置くことになった昭和十年五月以来、数えて今年で六十六年の歳月が流れた。思えば、その間、日中戦争あり、第二次世界大戦ありで、その間わずかではあったが、軍隊生活を送った経験もある。そして敗戦。敗れはしたものの、大戦後の日本の発展は、実に目ざましく、それを自らの眼で実感することができた。そして新しく生まれ変わった日本の経済的な大々的飛躍。やがて日本は経済大国として、世界第二の地位を占め、指導的立場に立つことになったのである。

そのようなわが身周辺の激動の中で、私は天台の僧侶として生きてゆくかたわら、早稲田大学で研究と教育に、約四十年の間、身を置いてきたのである。大学での研究は、まったく自由で、何の束縛もなく、思うがままに研究ができたことは、何にも替え難い喜びであった。このような自由で自主的な学風は、早稲田大学の伝統として他に誇るべきものであろう。自由な気風は、また、えてして活発な論議の場を与え、大学紛争を巻き起こすことにもなった。しかし、よき師・よき友に恵まれたことは、わが人生において最大の収穫である。かくして、想い出深い早稲田大学を、平成八年に定年退職した。退職後、当然のごとく寺に戻ることになったのである。

私の寺は日光山輪王寺一山の照尊院で、その一山支院住職でもあるところから、大学に身を置きながらも、支院住職としての責務は、当然果たさねばならない。輪王寺の行事はもちろんのこと、会議にも出席する義務がある。大学を退職して、寺の仕事に専念することになり、やがて輪王寺宝物殿館長の職に就くことになった。そしてまた五年の年月が流れた。その間、館長としての仕事のかたわら、いろいろと文化講演を頼まれることもあり、また研究論文の執筆を依頼されることも度々であった。その中には、直接私の研究に関するものもあり、まったくそれとは関係のないものもあった。自己の研究に関係するものについては、少しは自信をもって発表することができたが、自己の研究とあまり関係のないテーマについては、その内容によっては、新しく調べ直す必要があった。そんな苦労も想い出される。そのような折りに触れ書きためた文章が、少しずつ書篋の底に溜まり、かなりの量になった。その一部を上梓したのが、本書である。

内容的には、日本における神仏習合思想に関するもの、日本天台に関するもの、日光山の歴史と信仰に関するものの三つに大別される。第一の神仏習合思想に関するものは、私の専門分野であって、すでに専門的な小著若干を刊行している。したがって、ここに収載した拙論は、専門家向きというよりも、むしろ平易にと心がけたものになっている。これにものたらないと思われる方は、私の専著をお薦めしたい。第二の日本天台に関するものは、私の寺の宗派である天台宗についてのものである。日本天台といっても、天台宗に関係する祖師や山王神道についての小考である。第三の日光山についての歴史と信仰は、私の育った日光山について、常々考えていることや、新しい看点からみた日光の歴史や信仰についての文稿である。そしてこの分野のものが最も多いが、それは日光に居を置いていることから、日光に関する講演や寄稿が、どうしても多くなったからである。

これらの論考の中には、今までの考えに捉われず、改めて見直してみた上でのささやかな小論もある。それは、一つには日光山における弥陀信仰の展開とその影響であり、二つには江戸時代にあって、徳川三代将軍家光の祖父家康に対する尊崇の念についてである。「日光の社寺」が、一昨年十二月に世界遺産に登録されたが、今みることのできる東照宮は、この家光によって造替された建造物群なのである。そして、家光は自らの遺言によって、日光山に大猷院《たいゆういん》廟として東照宮の近くに祀られ、その廟は家康に仕えるがごとくに建っている。日光山の歴史も、新しい視点でみれば、また新しい発見もできるのである。拙論が、その魁《さきがけ》となれば幸いである。

学術的な研究論文は、どうしても難解な内容と論理的な文章になりやすい。その難解な内容を、少しでもわかりやすく、しかも正確に伝えるためには、並々ならぬ努力がいる。ここに収めた諸論は、できるだけわかりやすくを心がけたつもりである。とくに、講演の場合は、わかりやすいという特色が出しやすいのである。

そのようなことで、講演と他の論説との文体の不一致について、一言触れておかねばならない。講演の場合、録音テープより起こしているため、どうしても口語体になってしまう。口語体を残したのは、講演会場での臨場感を失わないように、敢えてそうしたのであって、強いて文体の統一をしなかった。著作の体裁としてみた場合、このような不統一について、あるいは批判的な意見もあるであろうが、敢えて口語調を残したところの本意を、汲み取っていただきたい。倖いに、拙著が一日でも長く書庫の片隅に架蔵され、少しでも多くの方々を、裨益《ひえき》するであろうことを願うものである。

平成十三年初夏

菅原信海

日本人の神と仏——日光山の信仰と歴史——＊目次

装幀　志岐デザイン事務所（下野　剛）

日本人の神と仏

——日光山の信仰と歴史——

I　神仏習合とは何か

神仏習合の諸相

一　日本人と宗教

われわれ日本人は、いろいろな面において、いろいろな宗教を抱え込んでいます。一番身近なところでは、おそらくどこの家にも神棚があり、仏壇があるのではないかと思います。最近では、そういう家は少なくなっていると思いますが、古い伝統のある家では、だいたい神を祀り、仏を拝んでいると思います。神も仏も共に祀るということについて、別に違和感は感じていないでしょう。ただ浄土宗あるいは真宗の方は、神様を祀らないかもしれません。

われわれは神仏が同居していることに、違和感を感じていないと思いますが、宗教というのは非常に排他性が強いものです。他の宗教が入ってきますと、新しく入ってきた宗教を追い出そうとするのが普通です。ですから、キリスト教の世界に異宗教が入ってきますと、キリスト教圏からそれを追い出す。たとえばイスラム教が入ってくればそれを追い出します。イスラム教圏の中に別の宗教が入ってくれば、それを追い出そうとします。一つの宗教は他の宗教と同居しないのが通例です。

ところが、日本の場合は違いまして、神と仏が一緒になってしまっています。それが日本の宗教として、特徴のあるところだと思います。このように日本人の宗教は、多種多様であるといえると思います。その多種多様とは、いい換えると多様性と重層性を指すのです。多様性と重層性というのは、いろいろな宗教を一緒に抱え込んでいるのが多様性です。そして重層性というのは、二つ以上の宗教を同時に信仰していることです。一つの信仰をもっていても、他を排除しないのです。神も拝みますし、それと同時に仏様も拝みます。

一年のいろいろな行事を考えてみますと、神、仏、さらにはキリスト教まで加わっています。元日には初詣に行く。これは神社に行く人も、お寺に行く人もあるでしょう。最近では、二月十四日のバレンタインデーもやっています。これは実は聖バレンタインというキリスト教の主教の殉教した日で、彼は愛の保護者とみられていることから、それを記念した日となったのです。それがうまく日本の商売人の手で取り込まれているのです。さらには、お彼岸があったりお盆があったり、それから年末になりますと、クリスマスがあります。仏教の信者の家でもクリスマスツリーを飾るところもあるでしょう。本当いうとおかしいのでしょうけれども、何の違和感も感じていません。

ということは、日本人は宗教に対して非常に包容性があるのです。寛容であるということです。いろんな宗教を包み込んでしまいます。先ほどもいいましたように、宗教は排他性が強いのですが、排他性の強い宗教であっても、日本人の場合はそれを中に取り込んでしまいます。考えようによっては、宗教に対して節操がないということがいえると思います。それほど多くの宗教を抱え込んでいます。

さらには江戸末期になりますと、新宗教が出てきます。新宗教にはどういうものがあるかというと、幕末には天理教があったり、金光教《こんこう》があったり、黒住教《くろずみ》があったりします。天理教は奈良の天理市に本部があります。中山みきさんが、そこで神の啓示を受けたということで、天理教が生まれます。天理教の本部に行き、本殿に上がりますと、真中に甘露台があります。その甘露台だけは低くなっていますので、中はみえないと思いますが、そこがいわゆる中山みきさんが啓示を受けたといわれている場所です。

金光教は岡山県の金光に本部があります。赤沢文治という人が教祖で、この人は体が弱かったようで、医者に見放されたのを、ある日突然太陽をみることによって、悟りを開いたといわれます。金光教は金神様というものを祀ります。それを祀って、それが教祖ご自身だということになっています。比較的に芸能関係の人々が信仰している神様だと思います。

もう一つの黒住教、これも岡山です。黒住宗忠によって開かれました。もともと黒住さんは神官の出身です。この方もあまり体が丈夫でなかったようです。その病気の平癒を願って悟りを開いたということがいわれています。京都の吉田山に宗忠神社というのがあります。ちょうど真如堂と向かい合っているところです。宗忠神社はこの黒住宗忠を祀った神社です。そういう新宗教、日本人はそれも抱え込んでしまいます。

さらにいうならば、今度は明治以後になりますと、大本教《おおもと》とか、ほんみちという教団などが出てきます。大本教は出口ナオさんによって、やはり神の啓示を受けてつくられたといわれていますが、これが大成するのは娘婿であった王仁三郎という人によってで、立派な教団になっていきます。しかし大本教はその後すごい弾圧を受けます。二度ほどすごい弾圧がありました。当時は治安維持法というものがありまして、皇室のことについて不敬なことがあると、治安維持法にひっかかって罪に問われ、すぐに捕えられてしまいます。大本教は天照大神に対峙するような神を設定しまして、それを中心に拝むものですから、皇室に対してけしからんということで、不敬罪にひっかかってしまうのです。そういう教団もあります。それから大阪の高石市にありますほんみちは、大西愛治郎という人によって設立されます。

ほかにはＰＬ教団、パーフェクトリバティというのですが、これは御木徳一と、その息子の徳近によって創設されます。今、大阪の富田林《とんだばやし》に大きな本部があります。そこの理事長の息子さんが私の後輩だったもので、私も時々ＰＬ教団に伺ったことがあります。もともとは静岡県の清水にあったのですが、教祖の教えによって広い場所に設定しろということで、富田林に移転したといわれております。

それから東京にあります霊友会、これは久保角太郎さんによってつくられました。これは法華経立ちなんです。ところが最近は若者向けにインナートリップといいまして、心の悩みの相談をしているのが、霊友会なんです。今の会長は東大の印度哲学を出た人で、たいへんな学者の人が会長になっています。それから生長の家、これは『生命の実相』で有名な谷口雅春によっておこされています。

そして創価学会。これは、牧口常三郎、戸田城聖などによって創立され、今に引き継がれてきています。創価学会というのは、富士山の麓、富士宮市にある日蓮正宗の大石寺というお寺の檀家の集まりなのです。それが独立して創価学会という宗教団体を築いているのです。そういう特殊な団体です。

これら新興宗教の中にも、神道系の宗教、仏教系の宗教、また他の宗教を交えたものもあり、種々雑多です。今あげましたのは、ほんの一部分です。全体ではかなりの新宗教があります。

そういういろいろな宗教が日本に生まれて、そして受け入れられているということは、宗教に対する信仰の強さというか、意思の強さというものが日本人にないのです。このような現状なのですが、それなら日本の歴史を振り返って、神と仏の問題について、どんなふうに神と仏が習合していったかを追っていきたいと思います。

二　神と仏教との出合い

日本に仏教が伝来した年代について、記録上はいつかというと、その公伝には、有力な説が二つあります。五三八年説と五五二年説との二つです。

少し難しい話になりますが、五三八年説については『元興寺縁起』と聖徳太子の伝記『法王帝説』に、「欽明七年戊午」と表記されています。そこで、表をご覧ください。そこの五三八年のところをみてください。欽明天皇七年、そこにAと入れておきました。便宜上これがA説です。これはどういう史料に載っているかというと、『法王帝説』や『元興寺縁起』に出てきます。もう一つの説は、『日本書紀』の五五二年説です。五五二年壬申のとき、欽明天皇十三年とあって、これをB説とします。

ところで、A説とB説とを較べてみますと不思議に感じませんか。その差は六年しかないのです。というのは、片方は欽明天皇七年で、もう片方は欽明天皇十三年です。その差は六年しかないのです。六年しかないのに、なぜ西暦では十四年の差が出てくるのか。これをどういうふうに解釈するかということで、この表を作ってみたのです。それは継体天皇が亡くなった後、すぐに欽明天皇が位についたという考え方が一つあります。それでいきますと欽明天皇七年が五三八年になります。ところが『日本書紀』をみますと、継体天皇の亡くなったあとしばらく空位があって、安閑天皇、宣化

西暦・干支	天皇年表			備考
522・壬寅		継体 16年 (C)		(扶桑略記)
531・辛亥		25年		辛亥の変
532・壬子	欽明 元年	(空位)		
533・癸丑	2年	(空位)		
534・甲寅	3年	安閑 元年		
535・乙卯	4年	2年		
536・丙辰	5年	宣化 元年		
537・丁巳	6年	2年		
538・戊午	7年 (A)	3年		(法王帝説)(元興寺縁起)
539・己未	8年	4年		
540・庚申	9年		欽明 元年	
552・壬申			13年 (B)	(日本書紀)
571・辛卯	40年		32年	
	林屋辰三郎説 (喜田貞吉説)		日本書紀	

仏教公伝関連年表

天皇と続いて欽明天皇が位を継ぐ。これでいきますと、欽明天皇十三年が五五二年に当たります。ですから書紀による説と、もう一つは書紀によらない説、これは『法王帝説』や『元興寺縁起』による説で、これについては喜田貞吉氏や林屋辰三郎氏のご研究があります。

そういう研究を土台にして考えますと、このような表になって、すべてが解決するということになるのです。今はどちらかといいますと、A説の方が有力です。梅原猛氏は『日本書紀』のB説をとっておられますが、大勢は五三八年説が有力だと思います。これが仏教公伝の年で、いわゆる百済から日本へ仏教が公に伝えられた年です。

ところが、この公伝の年ともう一つ関係するのは、表の一番上、継体天皇十六年、五二二年です。C説と書いておきましたが、これは記録上、仏教が伝えられたことが確認できるものです。『扶桑略記』に出ております。この年が公伝以前において確認できる、最も古い仏教伝来の年といわれております。

『日本書紀』五二二年説のところに話を戻しますと、そこに記載されている仏教伝来の仏様のことは、『日本書紀』ではどう記載されているかというと、「蕃神」と書いてあり、「あたしくにの神」と読んでいます。その蕃神を受け取って、日本がどんなふうな対応をしたかというと、一つはいわゆる崇仏派、もう一つは排仏派です。崇仏派は蘇我稲目を中心とする人たちです。排仏派は物部尾輿や中臣鎌子といった人たちです。これは、家柄からいうと当然そうあるべきだと思います。物部氏は、天皇の親衛隊のような家柄ですから、天皇の親衛隊が異国から入ってきた神様をそのまま受け入れることは、あり得ないわけです。中臣氏というのは神祇官です。神を祀る家柄ですから、これも当然排仏派になります。

蘇我氏がなぜ崇仏派になったかというと、蘇我氏というのは当時かなり大きな力、天皇家に匹敵するくらいの大きな力を持っていたと思います。天皇家の方が力が強かったので蘇我氏は滅んでしまいますが、それほど大きな力を持っていたのは、蘇我氏が非常に国際的な視野をもった家柄だったからです。蘇我氏の中には、中国や朝鮮あたりから渡ってきた人たちを自分の配下に治めており、非常にインターナショナルな家柄でした。だから外国から入ってきた神について、中国で信じられているなら、当然日本でも信じなければいけないという理解に立ったわけです。だから崇仏派になりえたと思います。

『日本書紀』によると、もし蕃神つまり仏様を信ずるならば、国神の怒りをかうことになるということで忠告されます。そしていろいろなことが起きます。お寺を焼いたり、仏像を難波の海に投げ捨てたりします。そんなことがありながら、日本ではどのようにして仏教が定着していったのでしょうか。

三　神祇信仰と仏教

仏教の受容は、まず欽明天皇のときの仏教公伝における対応が問題となります。そのとき欽明天皇はどういう立場をとったかというと、これは『日本書紀』の記載からわかりますが、蘇我氏のような崇仏派があり、物部、中臣のような排仏派があって、その中で天皇は非常に迷います。そしてどちらにも加担できないということで、欽明天皇は中立の立場を取ります。日本の天皇ですから、本来なら神を重んじなければいけないのでしょうが、蘇我氏の力が強いので、蘇我氏の主張も認めなければならない。無下に断るわけにはいかないということで、おそらく中立の立場をとったのだと思います。

欽明天皇の後、位を継いだのが敏達天皇です。次頁の系図をご覧ください。系図の点線の左側が蘇我氏の血を受けた人たちです。これからの話に出てくる推古天皇や聖徳太子は蘇我氏の血が半分は入っています。ところが、欽明天皇、敏達天皇は蘇我氏の血が入っていません。それが微妙に仏教を信ずるか信じないかにひびいてきます。敏達天皇は欽明天皇の子ですが、まったく蘇我氏の血を受けていないので、仏教に対して冷たい態度をとります。『日本書紀』の記載によると、「天皇、仏法を信ぜず」といっております。

ついでですが、敏達天皇の皇后で後の推古天皇は、蘇我氏の血を受けているのですが、敏達の皇后という立場から、どちらにもつかない中立の立場をとったと思います。後に推古天皇の摂政になったのが聖徳太子ですから、常識から考えれば仏教を信じた人とみられそうですが、どうもそうではなかったらしい。聖徳太子が亡くなった後、推古天皇は僧尼に対して、厳しい僧綱制度を決めています。ですから、どうも推古天皇は、必ずしも崇仏派ではなかったといえ

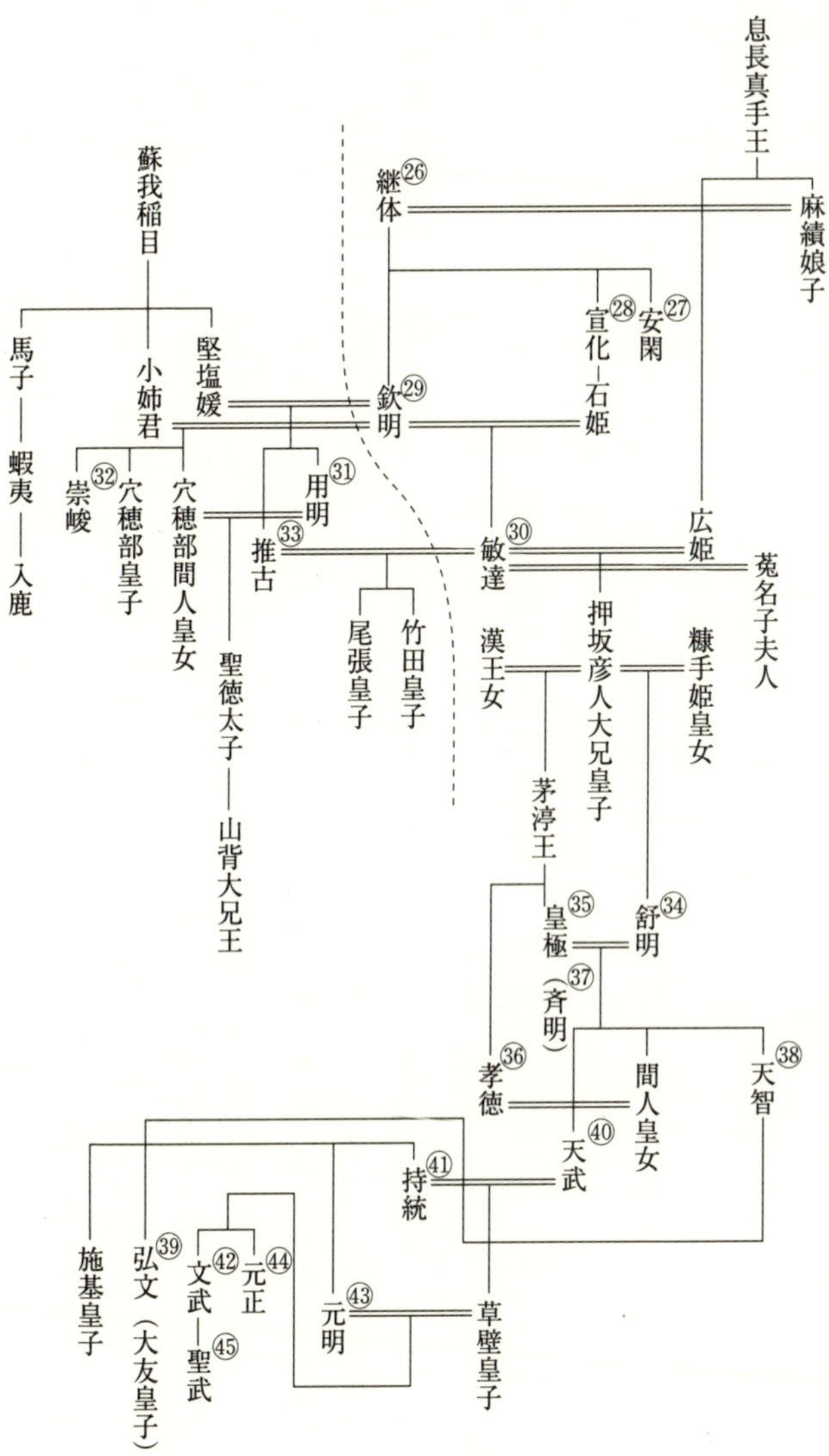

息長真手王
麻績娘子
広姫
継体㉖
安閑㉗
宣化㉘
石姫
欽明㉙
敏達㉚
菟名子夫人
押坂彦人大兄皇子
糠手姫皇女
漢王女
茅渟王
舒明㉞
皇極㉟
（斉明㊲）
孝徳㊱
間人皇女
天智㊳
天武㊵
持統㊶
草壁皇子
元明㊸
文武㊷
元正㊹
聖武㊺
弘文㊴（大友皇子）
施基皇子
蘇我稲目
馬子
蝦夷
入鹿
小姉君
堅塩媛
崇峻㉜
穴穂部皇子
穴穂部間人皇女
用明㉛
推古㉝
聖徳太子
山背大兄王
竹田皇子
尾張皇子

るのではないでしょうか。

敏達天皇の次に天皇になったのが、その弟の用明天皇です。用明天皇は聖徳太子の父君であり、蘇我稲目の娘堅塩媛《かたしひめ》と欽明天皇の間に生まれていますから、いうまでもなく蘇我氏の血を受けています。ですから用明天皇は記録によると、「仏法を信じ」さらに「神道を尊ぶ」、と仏も神も大事にしています。三十二代の崇峻天皇は蘇我氏に殺された悲運の天子ですが、この天皇ももちろん蘇我氏の血を受けた人です。でもこの人は蘇我氏から憎まれていた関係でしょうか、中立というか、もうちょっと踏み込めばむしろ反対だったのではないかと思います。だから、蘇我氏から憎まれて殺されてしまうというようなことになったのではないでしょうか。

三十三代の推古天皇、この天皇は先ほど申しましたように、中立だったのですが、とくに聖徳太子の亡くなった後、僧尼を取り締まる僧綱制度をつくります。当時、僧がいろいろと不祥事件を起こし、祖父を殴り殺した僧が出たりなんかして、僧尼の規律が非常に緩んだものですから、それを引き締める意味もあったのでしょう。しかしこういう制度をつくるということは、仏教に対してかなり厳しい態度をとった天子ではなかったかと思います。

三十五代皇極天皇になると、これ以降は蘇我氏の血を受けない人です。後に再度天皇の位について斉明天皇といわれる人ですが、私的な仏教受容ということをされた女帝です。三十六代孝徳天皇は皇極天皇の弟ですが、やはり私的な面で仏教を取り入れた人です。いわゆる朝廷での宮廷仏教という取り入れ方をした人です。

皇極天皇が重祚して斉明天皇となり、このときになって初めて、国家的な受容が行なわれるようになります。どういう国家的受容かというと、仁王会《にんのうえ》を行ないました。『仁王般若経』を講じて国家安泰を祈るという行事です。『仁王経』は、『法華経』『金光明経』と共に護国の三部経の一つで、その経名が「仁王護国般若波羅蜜多経」という、護国のためのお経ですから仁王会というものを行ないました。

斉明天皇の長子である天智天皇と、天智天皇の弟である天武天皇あたりになってきますと、やはり宮廷仏教として取り入れ、しかも天武天皇あたりになると、いわゆる国家仏教として位置づけがなされるようになります。そして最勝会が行なわれます。これは『金光明最勝王経』の中でも四天王護国品《ごこくほん》を講じて国家安泰を祈る、国家的な法会です。このように仏教を日本に取り入れたとき、日本の神との間で、どのように天子が折り合いをつけたか、あるいは反対したかということが、だいたいこの何代かの間ではっきりしてきました。

それでは日本の神というのは、どういう信仰形態であったかというと、大きく分けて三つに分類されます。一つは自然崇拝の神、アニミズムなどの神です。いわゆる山、森、岩などに一つの神霊を見出してそれを拝みます。山岳信仰、巨石信仰などです。それから太陽を神格化する。これが神として現われれば、伊勢に祀られている天照大神などがそうです。アラーの神、これも太陽です。太陽信仰というのは、割に多いのです。太陽は農耕に非常に影響を与えますから、農耕生活が始まると太陽信仰が盛んになります。それに付随して雷、雨などの自然現象に対する信仰が生まれてきます。これは日本だけではなくて、どこの民族も同じだと思います。日本もその例外ではないのです。

京都をぐるりと取り巻いて、西の松尾大社、北の方の上賀茂、下鴨神社、それから比叡山の日吉《ひえ》神社、これはみな雷様に縁があります。だいたい山の方にはいつも雷が発生します。その雷が適当に鳴って、そして適当に潤いを与えてくれるのは有り難いわけです。上賀茂神社の祭神はワケイカズチノミコトでしょう。名前からして雷様を神格化したことがわかると思います。比叡山の麓にある日吉神社も、賀茂の神様の親類だといっています。松尾大社も上賀茂神社と親族です。ですからみんな親戚同士で、雷一族なのです。京都は山々に雷信仰というものがあったのです。北野天満宮もそれに関連するようです。北野あたりは雷神を祀った痕跡がありま す。そういう自然崇拝的な神様がいます。

二番目は神話に出てくる神様。『古事記』や『日本書紀』などに出てくるいろいろな神様がいます。クニノトコタチノミコト、アメノミナカヌシノミコト、イザナギノミコト、イザナミノミコト等々の、神話に出てくる神様を祀る神祇信仰が二番目です。

三番目は祖先神です。ふつう祖先神というのは、だいたい死後三十三年経った祖霊を指します。われわれが生きているとき、記憶があるのは祖父母、曾祖父母ぐらいです。祖父母、曾祖父母が、亡くなった後われわれを守ってくれるという信仰です。それ以前になると、われわれの記憶にはありませんから、だいたい三代くらい先で祖先神が氏神様に変わってしまいます。

その氏を守ってくれる神様は、やがて地方神に変わります。大きな部族なら、たとえば藤原氏なら奈良の春日神社が氏神様です。そのようにして、氏神様として大きな神社に祀られます。日本の神様はだいたいこの三つの分類の中に入ると思います。そういう神様が一体どのくらいあったか。一番古いものでは『延喜式』の中の神名帳に神様の戸籍簿が載っています。これに三一三二座、約三〇〇〇の神様があったことが、国別に記載されています。延喜年間、つまり醍醐天皇の頃にはそれくらいの神様がいたということになります。

四　神々と併存した日本仏教

ここでいわゆる神仏習合という現象を起こします。それは平安時代のことですが、神は仏の世界から考えると、やはり衆生の一つ、救われる対象としてあったのです。われわれ一般衆生と同じく、神様もその一つなのです。迷える衆生です。その迷える神が仏教の力によって救われたいという願いをもっていました。

迷える神の身を救ってほしいということを史料上で古く記しているのは、敦賀にある気比神宮の神様です。どういう史料に載っているかというと、『藤氏家伝』という藤原氏の伝記を書いた史料に載っています。そこをみると、気比の神様が藤原武智麻呂に対して、私は神となって迷える世界にいるから、仏の力によって救ってもらいたいと願い出ます。そこで武智麻呂は、もしお前が本当の神ならば、証拠を示せといい、その証拠を示すことになります。それはある人間を高い木の上に乗せ、そしてこれが神である証拠だということで、救ってあげることになって、気比神宮寺が生まれます。これが後の敦賀の気比神宮です。三重県の多度神社の神様も同じようなことで、自分は神となって非常に苦しんでいるから、仏教の力によって助けてほしいといって助けられます。ここで神と仏教の接触ができてきます。

そこで仏教の側も、だんだん神を自分の方に取り込んでいくために、神前読経ということを行ないます。神社に行って読経します。こういう現象も日本独特だと思います。今は神への法楽のために読経しているのでしょうけど、当時は神の救済のために読経しています。神がようやく仏の力によって救われたということになると、今度は神のためにお寺を造ろうということで生まれたのが、神宮寺です。神護寺、あるいは神願寺ともいいます。つまり神社の中にお寺が併設されます。

一方、神がやがて仏教に帰依することによって、だんだんと衆生の地位から仏に近い菩薩の段階まで登ってくると、菩薩宮という菩薩を祀ったお宮ができます。その代表が八幡です。八幡大菩薩という仏を祀った神社なのです。そのようなことで神宮寺の発想を逆にしたような形の菩薩宮も生まれます。これも広い意味でいえば、神宮寺の中に含まれると思います。神宮寺はあちこちにあったのです。今でも地名として残っていたり、某神宮寺というような名前で残っています。

このようにして、神と仏とがだんだん接近して、仏教の中に神が取り入れられてきますと、今度はそれを理論的に理由づけなければならないということで生まれたのが、本地垂迹説です。この本地垂迹説の理論はどういうところから出ているかというと、『法華経』に如来寿量品というのがあります。この中に理論的な教説が述べられています。

どういうことかというと、われわれは歴史上の現実に現われた釈迦の存在はわかっています。しかし、その歴史上の釈迦が生まれる前に、久遠実成の理想的な釈迦がいたとされています。それは観念的なものですから実体はないわけです。しかしそれが、現実には歴史上の釈迦となって現われたのだという考え方が、如来寿量品の中で説かれています。つまり、理想的な釈迦が本であって、それが現実の釈迦となって現われたのが、いわゆる垂迹だというのです。本地と垂迹の関係がそこで説かれるようになります。この久遠実成の理想的な釈迦というのは、いうならば仏教の教理です。仏教の教理の真髄が具体的な姿で釈迦となって現われたということになると思います。こういう考え方がもとになって、本地垂迹説が、神と仏の間で説かれるようになりました。

それは、仏が本であって神がその現われだという、いわゆる仏本神迹説です。これが基本的な考え方で、いろいろな神社、あるいはそこに建つ神宮寺に関係してきます。日吉大社の本宮、今は西本宮といっていますが、あそこは大宮権現を祀っていますが、この本地は釈迦如来です。それから二宮の本地は薬師如来です。その間に聖真子《しょうしんじ》という神が祀られていますが、この本地は阿弥陀如来です。釈迦、阿弥陀、薬師の三仏が本地仏です。この三つを比叡山の三塔に合わせますと、東塔、西塔《さいとう》、横川《よかわ》の仏様になります。東塔は薬師、西塔は釈迦、そして横川が阿弥陀です。それぞれが対応しているわけです。

さらに八幡ですが、そのもとになる仏様はなにかというと、今は阿弥陀如来が本地だという説が強いと思います。阿弥陀が本地、その現われが八幡様だと考えられています。それから伊勢の天照大神の本地は大日如来です。これは理屈に合っています。大日如来は、密教の本尊で太陽を仏格化したものです。天照大神は太陽を神格化したものですから、同じ太陽につながっています。このように日本の神々が仏教とどのように交渉していったか、そこに育った神仏習合の考え方がどういうものであるのかということを説明してまいりました。

五　中世・近世の神道説

中世の神道説は、今の神社における神道とは違いまして、密教が入ったり、中国の思想、『易経』とか『老子』『荘子』なんかの考え方が入ったり、陰陽道が入ったりしていて、それが中世神道の特色です。まさに中世の神道こそ日本の神道説の完成した姿だろうと私は思っております。

そこにみえる本地垂迹、いわゆる神仏関係はどんなふうに説かれているかというと、平安末あたりに生まれた「天台本覚思想」という考えがありますが、その天台本覚思想の影響を非常に受けています。『三十四箇事書』という史料があって、そこに「生死即涅槃」「煩悩即菩提」ということがいわれます。とくに煩悩即菩提とは、迷いが即ち悟りだということです。こんなに矛盾したことはないでしょう。そういう矛盾した二つのものを乗り越えて、一つの統合的な考え方を出そうというのが、天台本覚思想です。煩悩即菩提ということがいわれてきますと、そのような考え方が、今度は神と仏をそこに当てはめて、神即仏、神は仏と同じであるという考え方が出てきます。いわゆる神仏同体の考えです。今までは神は仏の現われだというので、常に仏の方が上位で神がその下位に置かれていましたが、本覚思想の影響を受けて、神も仏も同体だということで並んでしまいます。難しい言葉でいいますと、本高迹下という、本が高くてその現われが低いという関係から、本迹倶高という、本も迹も共に高いというところに発展して、それが神仏同体説に発展してきます。そうすると、今まで本地垂迹説は、仏が本で高い地位にあって、神という低い地位のものに現われ、それが日本の神であるという考え方であったのが、一緒になり同体になります。

同体になると、今度はどういう思想に発展するかというと、本地垂迹説をまったく逆にした、神が本で仏がその現われであるという考え方が出てきます。これが反本地垂迹説です。こういう考え方は平安末頃からあって、天台座主慈円の歌に、「まことには神ぞ仏の道しるべ　迹を垂るとは何ゆゑかいふ」という歌があります。本当をいうならば、神こそ本当の仏の道しるべになっているのだ。迹を垂るというのは、一体どういうことなのか、と、これはどうも反本地垂迹説に傾いた歌です。

鎌倉時代になると、慈遍――この方は有名な『徒然草』を書いた兼好法師のお兄さんといわれる人です――が『旧事本紀玄義《くじほんぎげんぎ》』という著作の中で、「如来は神の垂迹」だといっています。仏は神の現われだというわけです。それから、光宗の書いた『渓嵐拾葉集《けいらんしゅうようしゅう》』にも、「山王は元、三塔は迹」と、山王が本で比叡山の仏はその現われだという考え方を出してきます。

さらに室町時代になると、吉田兼倶《かねとも》が現われます。吉田兼倶は、唯一神道いわゆる吉田神道を創唱しましたが、彼の著作『名法要集《みょうぼうようしゅう》』の中で、根本枝葉花実説を唱えています。つまり根にあたる根本とは日本だというのです。枝葉というのは中国、そしてそこに花となって実を実らせるのはインドなのだ、そういう考え方で根本枝葉花実説をつくりあげています。いわゆる神道が本であって、中国の儒教はその枝や葉、そしてそこに咲き実った花や実は天竺の仏教だというのです。まったく反対の考え方です。この説は専門の研究からいいますと、兼倶がいいだしたのではなくて、もう少し前からいろいろな人がいっているのですが、それを集大成したのが兼倶です。

そんなことから、まったく今までとは考え方を逆にしたような発想が出てきます。そして中世の神道が形成されてくるのですが、先ほども申しましたように、中世の神道には密教、とくに真言密教の影響が非常に強いのです。江戸時代の学者、平田篤胤《あつたね》が『俗神道大意』という著作の中で、中世の神道説は密教の影響が非常に濃厚だということを指摘しています。

こういうふうに神道説が発展してきますと、わが国の神と神との間に、今までと違った「神々の下剋上」という現象が出てきます。この考えは、高橋美由紀氏が述べています。日本の神々には一つの序列があります。最高位にある天照大神を中心にして、神々のヒエラルヒーがあります。その神々の序列を打ち壊そうという動きが出てきます。いわゆる天照大神と同等の地位まで、自分の神の地位を引き上げようという動きが出てきます。

これは平安末くらいからそういう動きが出てきました。その一つは熊野権現と天照大神が同体だという説です。これは大江匡房が『江談抄《ごうだんしょう》』で、熊野と伊勢は同体だといいだしました。それから伊勢と山王権現も同体だということをいいます。これは、比叡山関係の史料ですが、『延暦寺護国縁起』とか先ほどの『渓嵐拾葉集』なんかにそういう考え方が出てきます。

それからやはり日吉大社の大宮権現の御宝殿の中に、天照大神が祀られているというのです。『元徳二年行幸記』という、後醍醐天皇が日吉社とか比叡山にお参りしたときの記録があります。その中に書いてありますが、大宮の宝殿の中に天照大神を祀った御座があるということが記録されています。後醍醐天皇の皇子が、時の天台座主であった尊雲法親王で、後の護良親王ですから、その当時の座主であった自分の息子のところに行ったわけですが、そのときの記録にそういうことが書いてあります。日吉山王と天照大神は同体だという考え方が、そこにも窺われます。

さらには、大三輪権現と天照大神が同体だという説もあります。『三輪大明神縁起』に記されています。これには面白いことがありまして、三輪大明神という神は、大己貴命《おおなむちのかみ》のこととされています。この神が天照大神と同体ということになると、大己貴命は素戔嗚尊《すさのおのみこと》（天照大神の弟）の子ですから、天照大神の甥に当たります。甥と伯母さんが同体だということは、ありえないという議論なのです。観念上からいう、天照大神と同体だという考え方があって、自分のところの神は神々の序列の最高神天照大神と一緒だというところに結びつけようとしているわけです。そういうことで生まれたのが、伊勢神道です。

伊勢神宮には内宮と外宮があります。内宮には天照大神が祀られています。外宮の方は今は豊受《とゆけ》大神を祀っていますが、本来はそうではないと思います。外宮の方は、伊勢地方の豪族であった度会《わたらい》氏の氏神様を祀ったところだと思います。それがなぜわかるかというと、天日別命《あめのひわけのみこと》という神様がおります。これが伊勢地方の土地の神様なのです。この神も名前からして太陽神です。それがいつの時代にか豊受大神になりますが、本来はこの天日別命が祀られていたのだと思います。

結局伊勢というのは、土着的に太陽神信仰があった。そういう場所であるからこそ、天照大神を移してきても、そこでは違和感なく受け入れられたのだと思います。内宮の天照大神に対して、外宮は土地神の天日別命を祀って、度会氏がお守りしています。ですから歴代外宮の神主は度会氏です。そういうことから考えますと、当然そうあるべきだと思います。

そしてまた伊勢神道は度会氏がつくったもので、どういうことが目的だったかというと、度会氏の外宮は内宮と本来同等だといいたいのです。内宮が上で外宮が下ということはない、同じだ、ということをいいたいために生まれたのが、伊勢神道なのです。つまり外宮の地位を上げるという意図で生まれたのが伊勢神道です。

伊勢神道には密教の影響がいろいろありますが、両部神道、いわゆる真言系の神道の影響が顕著にみられるのが、「伊勢神宮御正躰《みしょうたい》」です。これは叡尊がつくったものです。叡尊は奈良の西大寺の中興の祖といわれる人で、この人によってつくられた伊勢神宮御正躰は西大寺に現存しています。これは薄っぺらな箱型のもので、片面が内宮、反対の面が外宮になっています。扉を開けると、そこに鏡が張ってあり、胎蔵界・金剛界の種子が入れられています。これは明らかに密教の影響だと思います。

『神道五部書』のなかの『宝基本記』、『倭姫命世記』にも仏典の引用が非常に多いのです。『無量寿経』や『釈摩訶衍論』を引いております。度会行忠の『大元神一秘書』にも、『大日経疏』や『釈摩訶衍論』の引用があります。これは伊勢神道関係の書物ですが、そういうものに密教や仏教の影響が強いという例証です。

鎌倉時代に生まれた仏教関係の神道に、山王神道と両部神道があります。山王神道は天台系の神道で、『法華経』をもとにして教義をたてています。どういう教理書があるかといいますと、『山家要略記』『山家最略記』『山家最要略記』『耀天記《ようてんき》』『厳神霊応章』という典籍があります。

両部神道では、『麗気記《れいきき》』という典籍があります。両部神道は真言系の神道で、両部とは胎・金両部のことを指すのですが、その胎・金両部の密教教理をもって神道説をたてているものです。両部神道の系統には、大神《おおみわ》神社の中に伝えられてきた三輪流神道があります。これは今は滅んでしまっていますが、史料は残っております。三輪流神道や高野山に残っている御流《ごりゅう》神道は、まだあまり研究が進んでおりません。

われわれが知っている今の神社の神道は、江戸時代に生まれた国学神道の流れで、中世の神道の影響を受けていません。中世の神道が仏教の影響を受けたり、他のいろいろな影響を受けているという理由から、純粋な日本の神道をいいだしたのが、国学神道なのです。その国学神道が現在、神社神道の主流をなしています。

六　仏教とかかわる諸神信仰

諸神信仰のいくつかについて述べてみましょう。法然や親鸞の主張からすると浄土宗や真宗では、神様を拝みません。神祇不拝です。拝むのは阿弥陀様だけです。

それに対して反論が出ます。貞慶《じょうけい》の『興福寺奏状』や存覚の『諸神本懐集《しょじんほんがいしゅう》』などの著作が出まして、貞慶の『興福寺奏状』は、浄土宗には九つの間違った点があり、霊神に背くの失、つまり神様を拝まない、それが一つの欠点だといっています。

一方、存覚は親鸞の五代目の孫になる人です。その存覚が、真宗の教線を拡大していく上から、やはり神祇信仰を無視しては真宗の教えが弘まっていかないということで、『諸神本懐集』を著わします。それは簡単にいうと、阿弥陀様を拝むのは真宗なので当然のことですが、また神様を拝んでもいい。その神様の奥に仏様がおられる。神様を拝むことによって、その奥の仏様を拝むことになる。その本地の仏様が観音様であれ、大日如来であれ、そのまた諸仏の本地が阿弥陀様なんだから、結局は阿弥陀様を拝むことになるということをいいます。すべて阿弥陀様に集約されるのです。だから神様を拝むことによって、その奥の阿弥陀様を拝むことと同じ意味になるので、神を拝んでもいいというふうに変わってきます。

日蓮の『諫暁八幡抄《かんぎょうはちまんしょう》』は、日蓮が八幡様に対してお諫めをした文です。つまり日蓮流にいうならば、日蓮が法華経行者でいるのに、法華経行者を時の鎌倉幕府が弾圧している。そのため、八幡宮炎上という不祥事が起こった。それは、八幡様が幕府の謗法を黙認しているからだと、八幡様に対して諫暁した内容です。

先ほどの伊勢信仰に話を戻すと、伊勢の内宮は天照大神です。つまり太陽神です。しかしもともと、この神は何だったかというと、大日孁貴《おおひるめのむち》と称します。即ち巫女です。太陽神に仕えた巫女が、やがて神格化して神になったのが天照大神といわれています。だから女性神なのです。伊勢に祀られたのはいつ頃かというと、雄略天皇の頃つまり四四七年に移されたと考えるのが今の定説です。

伊勢信仰が確立してくるのはいつかというと、壬申の乱のときです。天武天皇が近江朝を倒すために、吉野から伊勢に出て、伊勢神宮にお参りはしなかったものの、伊勢の近くから伊勢神宮を遙拝して戦勝祈願をします。その戦勝祈願が縁となって、皇室と伊勢との繋がりが非常に強くなってきます。この伊勢内宮は皇室の祖先神です。ですから平安時代末までは私幣禁断といって、天皇以外の者はお参りができなかったのです。それが鎌倉時代になると、崩れてきます。そしてそれ以後になると、御師《おし》の活躍によって、たくさん伊勢参りに来るようになります。それが後世、お蔭参りになったり、またさらには、「ええじゃないか」という、大勢して伊勢にお参りする動きが出てきます。

身近な信仰で神と仏の繋がりの強いものでは、八幡様があります。八幡様は、天照大神つまり伊勢に次ぐ、第二の宗廟だといわれています。八幡様は全国で二万五千社あるといわれ、武神として崇められています。ですから京都の石清水八幡宮や鎌倉の鶴岡八幡に祀られています。日本の神様は、だいたいにおいて土着性が強く、あまりその土地を動きません。松尾大社にしても賀茂の神様にしてもあまり動きませんでしょう。ところが八幡様だけは、大変にあちこちで分霊されます。石清水に来たり鶴岡八幡に来たり、全国に祀られています。そういった点では特別な神様です。

どうもこの神様は、もともとは日本古来の神ではないのではないかと思います。これは朝鮮半島から日本に渡来した人たちによってもたらされた神様ではないかと思います。八幡様に仕えている神主に、大神《おおが》、辛島《からしま》、宇佐、こういう家柄が神職としております。大神は男の巫祝さんの家柄です。辛島というのは巫女さんの家柄です。宇佐というのは土地の豪族です。とくに、辛島の辛は今の韓国の韓の字が当てられていたらしいです。となると、これは朝鮮半島から来たのではないかと思われます。

また仏教に関係のある神様は稲荷です。稲荷は、全国で一番数が多く三万二千の神社があります。ふつうは「稲荷」と書きますが、「稲成」という表記の仕方もあります。津和野に太鼓谷稲成があり、ここは稲成と書いております。ですから、稲荷というのは田の神様、生産の神様です。稔った稲を背負っている、そういう神像もあります。翁が束ねた稲束を前後に担いでいるという姿もあります。そこから稲を荷なうということになります。

これは柳田国男の説ですが、稲荷は本来、ふだんは山の神で、春になって田が耕される頃になると、田におりてきて田の神になります。稲が稔って刈り取りが終わると、また山の神に戻るというのです。そのとき山から出て来る動物は何が多いかというと、狼や狐が多く、それでどうも稲荷と狐がくっついたということをいっています。

伏見稲荷は、東寺の守護神として崇められていました。やがて伏見の地に祀られましたが、今でも伏見稲荷のお祭りのときには、必ず東寺の前を通って行くことになっているといわれています。現在は東寺の稲荷は八嶋殿として祀られています。東寺と稲荷の結びつきは非常に強いようです。稲荷は、仏教でいうと荼枳尼天《だきにてん》と習合しています。荼枳尼天は女性の神様で、その姿は狐の上に乗っています。そういうことからも、狐との繋がりが出てきたのではないかともいわれています。

御霊会《ごりょうえ》というのは、平安朝の時代に神泉苑で行なわれたのが記録上最初ですが、この御霊信仰は、桓武天皇を中心として、その周辺で政治的に不遇で亡くなった人たちが多く、その人たちの怨霊——これをとくに御霊と称していますが——は、京都で御霊さんといわれて祀られています。藤原種継暗殺事件に連座し、淡路へ流される途中で断食して死んだ早良《さわら》親王は、崇道《すどう》天皇と追号されて崇道神社、そして京都の上下の御霊神社に祀られています。

北野天満宮の道真もそうです。菅原道真の怨霊はいろいろなことを起こします。時の醍醐天皇の皇太子である保明親王が二十一歳で亡くなったのも、道真の怨霊ではないかといわれ、さらにその子慶頼王は五歳で亡くなります。これも、こんなに若くして死ぬのはおかしいというので、道真の怨霊だろうといわれます。決定的になるのは、清涼殿に落雷がありまして、そのときに大納言藤原清貫が雷に打たれて死んでしまいます。こんなことが起きるのはただごとではない。道真の怨霊だということで、北野天満宮を道真のためにつくります。後に道真は学問の神様に変わっていきますが、初めは恐ろしい神様として、御霊の一つとして祀られています。

祇園も御霊の一つといわれています。祇園は牛頭《ごず》天王が祭神です。牛頭天王が祀られているのですが、いろいろな説があって、『備後風土記』の逸文に出てくる武塔天神といわれたり、素戔嗚尊といわれたりします。昔京都では疫病が流行ると、その疫病を退散するために祇園祭りが行なわれたといわれています。疫病が流行るのは、素戔嗚尊の怨霊がそうさせるのだというので、御霊信仰としてその霊を鎮めるために行なわれた祭といわれているのです。牛頭天王は、牛頭栴檀という、仏典の中に出てくる薬がありますが、おそらくその薬を神格化したのだろうと思います。

だから祇園は疫病を防ぐ神様として祀られます。昔は六十余国から、それぞれの国々が疫病対策を願って、鉾や山車を出したといわれています。『備後風土記』の武塔天神の話の中には、「蘇民将来」の話があって、武塔天神が泊めてほしいといい、金持ちの兄の家では断られ、貧しい蘇民将来の家で泊めてあげたという話があります。よく伊勢あたりでは「蘇民将来子孫之家」という札が、家の門のところに飾られています。あれは、武塔天神を泊めてあげますよという印です。つまり、武塔天神の威力による疫病除けを意味しているのです。

このように、仏教と神が交わるいろいろな話、神仏混淆の神社もいくつかあるのですが、それがやがて明治維新のときには、神仏分離になってしまいます。われわれにとっては、いろいろな史料を残しておいてほしかったのですが、残念ながらそのときみんな滅んでしまいました。ですから日本の中世あたりからの史料もやはりなくなってしまいました。われわれ研究者にとっては、非常に残念なことです。明治維新は、いろいろといいこともあったとは思うのですが、残念ながら文化面においては、マイナスの面が非常に多かったと思わざるをえません。

中世神道形成の背景

一　私の研究遍歴

私が早稲田大学に入学したのは、戦後の大学制度が改変された昭和二十四年でした。いわゆる制度上新制大学となった早稲田大学に入学しました。この年は、旧制と新制との切り換えの年で、新制大学つまり四年制大学の三年に編入学し、第一文学部東洋哲学専修に在籍しました。学部卒業は昭和二十六年で、いわば新制第一期卒業生です。学部卒業と同時に、大学院に進学しました。大学院もやはり新制の大学院で、ここでも早稲田大学大学院文学研究科の新制第一期生となりました。

その頃の大学院は、文系の大学院がまとまって、今の大学本部構内の社会科学系大学院の建物にありました。恩賜館の跡地に建った建物です。大学院での研究テーマは「神仏習合思想の研究」で、最初の研究論文として発表したのは、「天海の神道事蹟について」です。これがきつかけになって、山王神道の研究、さらには最近の山王一実神道の研究まで続いております。

一方、神仙思想に興味を持ち、日本の『神仙伝』といわれる『本朝神仙伝』の研究に没頭することになりました。『本朝神仙伝』の撰者は大江匡房《まさふさ》とされていますが、今の『本朝神仙伝』は、果たして匡房の撰と考えてよいのかどうかということです。今の『本朝神仙伝』は、どうみても後の人の手が加えられているとしか思えないのです。匡房撰のいわゆる原『本朝神仙伝』とは異なるものではないか、と推論しました。この推測については、別の意見も出ていますが、匡房撰の原『本朝神仙伝』と、現在の『本朝神仙伝』との区別を曖昧にしたままの議論になっているように思われます。

『本朝神仙伝』の円仁伝は、円仁の神仙化伝説の先蹤をなすもので、示寂後に隻履を如意嶽に残して登仙した円仁のことが記されていて、その後ある説では、円仁は立石寺まで飛んでいったと伝えられていることから、そこに尸解仙《しかいせん》の類型をみることができることを、論証しました。

そして、『本朝神仙伝』中の一人、陽勝仙人についても研究しました。陽勝仙人の諸史料を検討して、仙人の伝記を構成する要素には、鎮源の『法華験記』系と『陽勝仙人伝』系との二つの系統があることを論証しました。さらには、陽勝仙人こそ、中国の仙人と軌を一にする日本の代表的な仙人の一人であることも論じておきました。

次いで、儒学の応神朝伝来説について論じました。これについては、江戸時代から先学の種々な学説がありますが、これは東漢《やまとのあや》氏・西文《かわちのふみ》氏らの子孫が唱えた祖先伝来説話であることは、いうまでもありません。

なぜ伝来説話が応神朝のこととして伝えられるようになったかについては、まだ解明が不充分でした。これについて、まず応神朝の成立とその性格を考えてみました。その結果、水野祐氏の日本古代史の研究業績をふまえて考えることにしました。つまり応神天皇から始まる河内王朝の祖先は大陸から渡来し、まず九州南部に狗奴国を建て、力を蓄えてから九州全域を制圧し、やがて東に向かい、河内に新王朝を築いて大和王朝を倒し、天下統一をなし遂げた王朝(仁徳王朝)であるとする見解です。この応神朝こそ、大陸から渡来した騎馬民族系の王朝であることから、大陸の儒教文化の伝来の時期を設定するのに、渡来系の民族の祖先伝来説話として最もふさわしい王朝であったからだろうと結論づけました。

また、『古事記』に記されている『論語』十巻と『千字文』一巻との伝来についても、江戸時代から新井白石の『同文通考』、谷川士清『日本書紀通証』、本居宣長『古事記伝』などで論議されていますが、『論語』は儒教を代表する経典であることから、当然初伝の典籍とするにふさわしい書物でしょうが、『千字文』については、これは梁の周興嗣の撰で、儒学伝来のときとするには、年代的に合わないので、初伝の典籍に加えた何らかの理由があったものと思われます。それは宣長のいうように、『千字文』を重んずる人々が、『千字文』の価値を高めたいがために、初伝の書としたのではないかという考えにしたがいました。

二　山王神道の研究

やがて、研究の対象は当初の研究テーマである神仏習合思想に移っていきました。それも仏家神道の一つである山王神道への関心が強く、まず山王神道の典籍『耀天記《ようてんき》』の研究に着手しました。とくに、この『耀天記』の中に「山王事」という一条があって、これは他の項目に比べて長い内容なので、特別に関心を引いたのです。

この頃、岡田精司氏の研究（「耀天記の一考察――『山王縁起』正応写本の出現をめぐって――」、『国史学』第一〇八号）が発表され、それに刺激されたこともあって、私なりの見解を発表することができました。つまり、山王事は、他とは異質な構文なので、別に作られていたこの山王事が、いつの頃か、『耀天記』に附加されたものであろうと結論づけました。附加された年代は『耀天記』の撰述年次とされる貞応二年（一二二三）の可能性が充分にあります。なおこの山王事の条は、山王神道説の基本である天台教学の根本経典『法華経』をふまえて説かれています。

山王神道説への関心は、『山家要略記』類といわれる『山家要略記』『山家最略記』『山家最要略記』『厳神霊応草』など一連の史料の文献的批判に向かっていきました。その頃、天台宗典編纂所が、『続天台宗全書』の刊行のために、天台宗内の諸大寺はもちろん、全国の国公私立および諸大学の図書館その他の寺社の史料を蒐集していましたので、それらの史料を利用できたのも幸いしました。個人の能力では、蒐集に限度があるからです。

そのようなことで、新史料を活用して、大日本仏教全書所収の『山家最略記』は底本が悪く、このままでは前後の文意が取りにくい箇所があって利用し難かったのですが、その錯簡を正すことができました。これを機会に、『山家要略記』類の整理と検討に入り、各種写本類の分類に力を注ぎました。拙著『山王神道の研究』の第二部、山王神道典籍の研究は、その煩瑣な史料整理の結果による分類で、少しは自負できる成果であると思っています。

この山王神道の研究は、さらに進んで智証大師円珍の山王信仰に及びました。円珍自筆の『制誡文』に、山王三聖信仰がみられることから、大宮権現・二宮権現・聖真子権現を山王三聖として奉祀したのは、円珍に始まることを立証しました。

したがって、比叡山開創当時の山王信仰は、伝教大師最澄の『長講法華経発願文』先分や『比叡山相輪樘銘』などによっても知ることができますが、それは大比叡《おおびえい》・小比叡《おびえい》の両明神、つまり大宮・二宮の両社の信仰である山王二聖信仰であったのです。それが円珍の頃に、山王三聖として信仰面で確立したことになります。円珍の晩年の住坊が山王院と称せられているのも、円珍の山王信仰に由縁があるからです。

この山王三聖信仰は、慈慧大師良源にも引き継がれました。そのことは良源の「上㆓山王権現㆒願文」によって知ることができます。良源の山王信仰は、その他にも、『慈慧大僧正伝』

や『慈慧大僧正拾遺伝』によって確認できるのです。さらに山王三聖の神像が作成され、その神像を祭祀するようになったのは、明達によってであり、それは『日吉根本塔縁起』によって、天慶五年（九四二）のことであることがわかったのです。山王三聖神像奉祀のきっかけを作ったのは、平将門の乱であって、反乱調伏の祈禱が功を奏したがために、根本塔創建の勅許が下りたのです。かくして、山王の諸社は、漸次形を調えてきて、山王上七社の形成をみ、やがては山王二十一社の成立をみることになるのです。

山王神道の教説を理論的に整備したのは、慈遍です。慈遍は吉田家を出自とし、『徒然草』の作者兼好の兄といわれている人です。慈遍の神道書は、書名の知られているものが九部ありますが、現存するものは五部で、しかもそのうち二部は、完本ではありません。

残された著書である『旧事本紀玄義』『天地神祇審鎮要記』『豊葦原神風和記』などから、慈遍の神道説をみてみますと、後の根本枝葉花実説の本となる所説が現われています。この教説は、吉田神道の創始者である兼倶の『唯一神道名法要集』に継承され、根本枝葉花実説（あるいは三教枝葉果実説）として、結実したのです。

ところで、この慈遍の教説は、先学が指摘するごとく、またさらに遡って両部神道書である智円の『鼻帰書』に、その源流があるのです。

また、慈遍の神道説は神仏同体説を唱えていましたが、さらに進んで神本仏迹説を説くに至っています。平安末頃に天台本覚思想が現われ、仏教の教説ばかりでなく、神道説にも大きな影響を与えています。つまり、本地垂迹説の仏本神迹説に変化を与え、神と仏との同体を説くようになり、それがやがて神を本とし仏をその垂迹とする神本仏迹説を説くに至ったのです。

三　山王一実神道とは

次の研究は山王一実神道に向かいました。この神道は、慈眼大師天海の創始した神道です。天台系の神道ですから、山王神道の流れの中にはあるのですが、この神道は徳川家康を東照大権現として奉祀するために、天海によって創唱せられた神道ということができると思います。天海の『東照大権現縁起（真名）』巻上に記されている神道説によれば、この山王一実神道は、諸神を山王一実の教えに帰せしめるものであるということです。つまりすべての神々は、山王一実神道の統括するところである、と自ら任じているのです。

山王一実神道の宗旨は、徳川幕藩体制の維持と、将軍家の万世不易と子孫繁栄を願うことを目的としています。神道とはいえ、東照神君によって築かれた天下統一の幕藩支配体制の永遠なるを願う、政治色の強い宗教であるといえます。即ちこのことは、東照神君の威光をもって、天下の支配を揺るぎなきものとしようとする政治そのものであるといえるのです。山王一実神道は、とりもなおさず東照神君のための神道であるといえるのです。

家康が神として祀られ、その神号を東照と称することになったのは、東照大権現の本地仏が薬師如来であることからです。薬師如来は東方薬師瑠璃光如来と称して、東が薬師如来の浄土であることから、東に照り輝いている仏として祀られているのです。そしてこの東照という神号の思想的背景は、たぶん天皇家の祖先神である天照大神を意識してのことであろう、と考えました。その「天照」を意識してはいるが、もともとの東国の支配者としての徳川氏であることから「東照」を神号としたのであろう、と推論したのでした。

東照大権現を日光山に遷葬したとき、奥院で修せられた山王一実神道による塔中勧請深秘式が残されています。しかし、この神道勧請深秘式の写本類は、今のところ後世のものしか知られていないので、史料的にさらに検討を加えなければならないと考えています。

次いで、山王一実神道の継承者と自負していた戸隠山の乗因について、研究をしました。乗因は『転輪聖王章』『転輪聖王章内伝』『山王一実神道口授御相承秘記』などの書を著わして、山王一実神道の後継者として、天海の教説を流布するに力のあった人であることは確かです。しかし乗因は晩年になって老子を尊崇し、『老子道徳経』を経典として大切にし、さらに『先代旧事本紀大成経』をも取り入れて、独自な神道である修験一実霊宗神道なるものを唱えるに至りました。いわゆる道教を、その神道説に加えて、天台の神道説とは異端とされる神道説を唱えたために、ついに追放されて八丈島に流されてしまったのです。

山王神道の研究は、中世の神道説についてのさらなる研究へと向かわせることになりました。神道説としての教義的な論書は、鎌倉時代にならないと出現してこないのです。このことは、両部神道、即ち真言宗の神道についてもいえることであり、山王神道と共に、この二つの仏家神道は、中世の諸神道の先駆的役割を果たしているのです。

四　三輪流神道

そこで、仏家神道のもう一つの神道説である両部神道に関心が向いたのです。真言系の神道説で最も注目されるのは、御流《ごりゅう》神道と三輪《みわ》流神道とでした。御流神道は、その史料のほとんどが高野山大学図書館に収蔵されていて、時間をかけて調査蒐集し、それを整理した上で検討しなければならないという事情があったので、自然に三輪流神道の研究に向かうことになりました。

三輪流神道の史料は、もちろん高野山大学図書館にも収蔵されておりますが、『大神神社史料』の中に収められていますので、それを利用することができました。ただこの史料集に収められている諸文献は、文献批判をきちんとやらないと、成立年代の不確実なものが多く、研究者にとって厄介でした。

この研究では、三輪流神道には、その創始者といわれる慶円《きょうえん》と西大寺中興の祖といわれる叡尊《えいぞん》との二つの大きな系統が存在したであろうと推論し、とくに大御輪寺《だいごりんじ》流の祖とされる叡尊が、真言密教を三輪山に持ち込み、大三輪神社との神仏交流を通じて、三輪流神道説に大きな影響を与えたであろうと論じました。

さらに、三輪流神道に関する論書の分類を試みましたが、厖大な史料であったため、その整理分類には時間がかかり、困難を伴うものでした。三輪流神道と御流神道との比較検討も部分的には試みましたが、その研究も緒についたばかりです。

五　中世神道とは何か

いよいよ本題に入ります。中世神道というのは、日本の神道説の完成した姿であると思います。中世以前は、神道というよりは神祇信仰の時代というべきであろうと考えています。

ところで、中世の神道説が形成される背景には、中世の政治や宗教、そして社会全般を視野に入れて考えなければならないことはもちろんですが、ここでは主に宗教面を重視しながら、必要に応じて政治面や社会面のことを加味して論を進めていきたいと思います。

中世において、神道が如何なる位置づけをされていたかというと、黒田俊雄氏は、「中世宗教史における神道の位置」（『黒田俊雄著作集』第四巻所収）と題する論文において、「仏教のもつ重層的構造の中の特殊な一部として「神道」があった」とし、それは「日本で完成した仏教の独特の体系の中の特殊な一部として「神道」があったということである」、といっています。通常の神道に対する定義づけからは、あまりにかけ離れた考えのようですが、中世の神道を考える上には、このような定義づけをしないと理解できない面のあることも否定できません。

神道の語の意義については、すでに津田左右吉博士の『日本の神道』で詳細な定義づけがなされていて、それがほぼすべてを尽くしていると思われますが、黒田氏は、津田博士の定義の第二番目の「神の権威、力、はたらき、しわざ、神としての地位、神であること、もしくは神そのもの」の定義こそ、中世の神道を定義づけるものであるとしています。これは神の状態・属性を示す言葉であるということです。

黒田氏のいう、仏教の体系の中の一部分としての神道という位置づけから思い出されるのは、仏家神道の一つである山王神道や両部神道のことです。いうまでもなく山王神道は天台系の神道であって、その教義は法華経の思想が根本になっており、詳しくみてみると法華三大部を利用していることがわかります。両部神道は真言系の神道で、真言密教を根本としていることはいうまでもありません。つまり仏家神道は神道説ではあるけれども、仏教の体系内での教説であることには変わりはなく、それは仏教の一部分であるに過ぎないという指摘は、この二つの神道についていえば、まさにその通りといわねばなりません。

ただ、中世になってこのような仏家神道説を含む神道説が形成された背景について考えてみると、その原因となったものには、諸種の要因・要素があったと思われるので、その要因・要素となったものについて検討してみたいと思います。

六　中国の影響

中世神道形成の背景について考えるときに、神道説に影響を与えた中国の思想や仏教は、神道説を形成させた背景ではなく、むしろ神道説を構成する直接の要素ですから、神道説形成の教理的背景とは当然区別して考えなければならないと思います。しかしそうはいっても、思想的・宗教的背景がなければ、その影響も考えられないことですから、両者を峻別するのもなかなか難しいことになります。そこでここでは、何が中世の神道説を形成するのに、その教理的背景となったかを探ってみようと思います。

その前に、中世の神道説に影響を与えた思想は何かということで、中世の神道論書を分析してみると、仏教や中国の儒教や道家からの影響が強く認められますが、これらについてはすでに研究成果が出ていますので、ここでは詳しくは触れません。一例を示せば、伊勢神道においては、その神道の教義の中には、『易』や『老子』などの、中国の儒家や道家の経典が引用されており、度会《わたらい》行忠の『大元神一秘書』や度会家行の『類聚神祇本源』などは、その傾向の著しいものです。

神道五部書には仏典の引用も多く、『無量寿経』や『釈摩訶《しゃくまか》衍論《えんろん》』の文言が用いられていることは、すでに指摘されているところです。また吉田神道は密教を取り入れて、その神道説を形成していることは、すでに平田篤胤によって指摘されています。つまり、『俗神道大意』三之巻において、次のようにいっています。

サテ吉田家ノ神道行事ハ、モト真言ヲマナンデ始タル事ユエ、其壇モ四角ナルベキニ、八角ニ作テ秘事トイタシ、神道ハ八ノ数ヲ用フルナドイヒ、神道護摩、宗源行事、十八神道、コノ三ツヲ三科ト立テ、此ヲ兼学ンダルヲ、三壇行事トモ云フ。此外神道灌頂、神道加持、火焼行事ナドイヒ、猶クサグサ有テ秘事トシ、此ヲ切紙伝受ト云ヒテ、ヒソカニ伝ヘル。（中略）護摩灌頂ハ、モトヨリ真言ノ行法、マタ宗源行事ト云事ハ、密家ノ両界ノ本次第、ト云行事ヲ盗ダルモノ。又十八神道ト云モ、真言ノ十八道トイフ行事ヲヌスミ、鳥居ヲ白布デマトヒ、榁ヲ榊ニ取カヘテ、神道ノ行事ト名ヅケ、其唱フル文ヲキケバ、一切衆生、六根ノ色躰ニ迷ヒ、三心ノ元〻ヲ忘ル、故ニ、罰多ク賞少キナリ。

篤胤は、吉田神道の神道護摩、宗源行事、十八神道などは、密教の行事を盗んだものであるといい、吉田神道がその神道を形成する上で、密教の大きな影響を受けていることを指摘しています。吉田神道が密教の影響を受けていることは、篤胤の指摘を俟《ま》つまでもなく、吉田神道の書をみれば一目瞭然たるものがあります。

吉田神道説の形成には、密教ばかりでなく、道教の影響もみられます。これについては、すでに研究もされていますが、拙考においても論じたことは、道典『太上玄霊北斗本命延生真経』を神道説に用い、その教説を吉田兼倶は『唯一神道名法要集』の中に利用しており、また道教の玄霊符を真似て『神祇道霊符印』を作成していること、などです。

これは中世の神道説の形成に、儒教や仏教そして道教などが、神道説の教義形成上に与えた影響であると指摘することができます。中世には儒教や仏教はいうまでもなく、道教の経典までもみられる環境、それは五山であったと思いますが、そのような環境にめぐまれていたということは、新しい神道説を生み出す宗教的環境が整っていたことを示すものです。

七　天台本覚思想

中世神道が形成される要因として、仏教や陰陽道の存在はもちろん無視することはできませんが、それらの中から神道理論の形成を促したものがあります。その背景となったものの第一は、天台本覚思想であろうと思います。

中古天台の本覚思想の詳細については、島地大等・硲慈弘・田村芳朗および大久保良順・浅井円道の諸氏などの研究があって、すでにいくつかの論考が発表されていますので、それに譲りたいと思いますが、皇覚の撰著といわれている『三十四箇事書』にみられるような「生死即涅槃」とか、「煩悩即菩提」のような、二元相対的考えを超克して絶対不二の一元的な考えに立つ現実肯定の本覚思想が、平安末から中世にかけての思想・宗教に影響を与えていることは、否めない事実です。その天台本覚思想は、思想・宗教ばかりでなく、藤原俊成や定家の歌論や芸能に影響し、そして神道論にも影響を及ぼしているのです。

『等海口伝抄』巻八に、「一切衆生皆本覚ノ如来ナル故ニ、十界ノ衆生悉ク直ニ本覚ノ宿習有レ之也。然則無ニ本覚ノ宿習一衆生ハ一人モ不レ可レ有レ之也。」といい、本覚の宿習なき衆生はないと論じているのです。この衆生の語を神に代えるならば、神道思想史上でも、神は仏と同等のものと見做すことができるようになり、本地である仏菩薩の垂迹として地位的にも低くみられていた神が、高い地位に上がるようになれるわけです。

つまり天台本覚思想の影響によって、神の地位が仏菩薩の地位にまで高められることになったのです。即ち「神即仏」という考えが、天台本覚思想の考えから成り立つことになって、神は仏と同等の地位に高められることが、教理的に可能になったのです。いわゆる神仏同体の考えがここに成立することになります。

今までの本地垂迹説では、本地の仏の地位が高く、垂迹の神が低くみられる本高迹下の神仏関係でしたが、それが本迹倶高の神仏同体関係へと変化したわけです。神も仏も、本も迹も、同じ地位とみられるようになったのです。これは本地垂迹説自体の時代的変遷の中に、すでにその萌芽はみられなくもなかったのですが、天台本覚思想が神仏関係での神の地位を、仏の地位にまで高める効果があったのです。

鎌倉新仏教の浄土教系が、やはりこの天台本覚思想の影響で、聖道門の始覚的難行道の立場から、念仏門の本覚的易行道へと変化して、新しい仏教を形成したのと軌を一にするものがあるといえるのではないでしょうか。これについて、田村芳朗氏も鎌倉新仏教の親鸞・道元・日蓮の三師の思想形成に、天台本覚思想が背景にあったことを指摘しています（「鎌倉新仏教の背景としての天台本覚思想」、『本覚思想論』所収）。

八　吉田兼倶の根本枝葉花実説

第二に、神仏同体が説かれるようになると、本地垂迹説にも変化が起きてきます。先に述べたように神は衆生と同じものであり、本地である仏菩薩の垂迹として、地位的にも低くみられていましたが、神仏が同体になると、神の地位と仏菩薩の地位が同じになり、本迹同体と考える本地垂迹説に変わります。垂迹神は、その神の本地の仏菩薩と同体となります。つまり、垂迹即本地、本地即垂迹という関係が成り立つことになります。

この考えは、本地である仏菩薩と垂迹である神との関係を逆転させることになって、いわゆる反本地垂迹説を生むことになったのです。即ち、神を本地とし、仏菩薩を垂迹とみる日本的、中世的な神本仏迹説が生まれてくるのです。

天台座主慈円は「まことには神ぞ仏の道しるべ　迹を垂るとは何ゆゑかいふ」（『玉葉和歌集』巻二十）と詠んで、神こそ仏の本地とみる神本仏迹説への傾きを示しています。慈遍は

『旧事本紀玄義』巻一で、「如来既為二皇天垂迹一」といい、また、光宗の『渓嵐拾葉集』巻第六で、「山王ハ本、三塔ハ迹」と説いてもいます。これはいわば本迹倶高の思想です。本迹倶高の神仏関係であっても、神本仏迹であることに変わりはないのです。この考えが、神道教義の上で画期的な、吉田兼倶の根本枝葉花実説（三教枝葉果実説）を生むことになったのです。

　この根本枝葉花実説は、兼倶の独創によるのかというと、そうではなく、兼倶に至るまでには、その因となる考えがあって、それがやがて兼倶の根本枝葉花実説として結実したのです。先に述べた鎌倉後期の智円の『鼻帰書』に、この根本枝葉花実説の魁《さきがけ》をなす説がみられるのです。『鼻帰書』は、両部神道書ですが、そこに「種ノ東ナル故ニ、我国ノ独古形種ヨリ、仏法ノ花天竺唐土ニサキテ、至極ハ我国ヘ来ル事、菓必種《もと》ヘ落カカル義也。」とあって、日本が種子で、その種子が唐・天竺に弘まって花咲いたという説を述べています。

　そして慈遍になると、ここでもやはり日本が根本で、唐は枝葉、梵つまり天竺は花実であると説くようになります。『旧事本紀玄義』巻五に、「抑和国者、三界之根。尋二余州一者、此国之末、謂日本、則如二種子芽一。故依レ正和二人心一。幼似二春草木未一レ得二成就一。論二其功用一、本在二神国一。唐掌二枝葉一、梵得二菓実一。花落帰レ根、菓謂受レ流。故当初則皆用二託宣一、而治二天下一。」とあるのがそれです。

　この考えが、室町時代になって、吉田神道の創唱者である兼倶に受け継がれ、兼倶の『唯一神道名法要集』で根本枝葉花実説として大成したのです。そこには、「上宮太子密奏言、吾日本生二種子一、震旦現二枝葉一、天竺開二花実一。故仏教者、為二万法之花実一、儒教者、為二万法之枝葉一、神道者、為二万法之根本一。彼二教者、皆是神道之分化也。」と述べています。つまり、日本を根本とする反本地垂迹説へと展開していったのです。即ち、いいかえると、日本の神道が根本で、唐の儒教はそこから生え育った枝葉であり、天竺の仏教はその枝葉に咲き実った花であり実である、という考えなのです。

九　度会神道の成立

神も仏菩薩と同等の地位にまで引き上げられたことによって、神も仏も同じ価値のものとして論ぜられるようになりました。この価値観の変化は、日本の神々の序列においても、当然大きな変化をもたらすことになったのです。

つまり、第三の背景となったのは、日本の神々が、その地位を、神々の最高位に位する天照大神と同等の地位にまで高めようとする動きです。その最も高く尊い存在の皇祖神である天照大神を祭祀する伊勢神宮内宮と外宮との間において、それは激しく、とくに外宮側は、内宮と同等の地位にまで神の地位を高めようとする動きが出てきます。それが、後に述べる伊勢神道(度会《わたらい》神道)として発達することになります。

しかし、日本の神々の中にはそれより早く、最高位に位置する天照大神と同等の地位にまで、その地位を高めようとする動きがありました。その例を二、三例示することにします。

　まず平安末期に、大江匡房の談話を筆録した『江談抄』に、すでに天照大神と熊野権現との同体説が説かれています。同巻一に「熊野三所本縁事」として、「又問云、熊野三所本縁如何。被レ答云、熊野三所ハ伊勢太神宮御身云々。本宮并新宮ハ太神宮也。那智ハ荒祭。又太神宮ハ救世観音御変身云々。此事民部卿俊明所レ被レ談也云々。」とあるのがそれです。

　鎌倉期になると、『延暦寺護国縁起』や『渓嵐拾葉集』に、山王権現と天照大神との同体が説かれるようになりました。『延暦寺護国縁起』巻上の「日吉山王天照大神分身一体勘文第六」に諸説を挙げていますが、『匡房記』にいうとして、「相伝云、奉レ尋二（日吉）本体一為二天照大神分身一。」とあり、また『菅家清人日記』の文を引いて、「大宮権現者天照大神也」と説いています。さらに「相伝説云」として、「天照大神御供備レ之。大宮神殿天照大神御坐。有レ恐故委不レ記レ之云云。」といい、大宮権現の神殿内に天照大神の御坐があって、天照大神を祭祀していることがわかります。しかも、このことは、後醍醐帝が日吉社や比叡山に行幸された記録である『元徳二年行幸記』に、「あまてるおほかみは、おなじくこの御宝殿の別の御座をまうけて、神服神宝等備へたてまつり、四季おりふしの神供等いまにをこたり侍らず。」と記されていて、御宝殿即ち大宮権現社内に別座を設けて、天照大神を併祀していたことが確かめられるのです。

『渓嵐拾葉集』巻第八では、「大宮権現天照太神分身事」の条で、やはり匡房の文を引いて

「奉レ尋二其（日吉）本一為二天照太神一。」といい、「伊勢日吉一体事」の条では、伝五大院安然撰とされる『安全義』を引いて、「依二顕教心一、大日即為二釈迦一。依二真言心一、釈迦即為二大日一。故於二天照宮一現二大日一、応化明神即日吉社顕。釈迦垂二迹権現一、彼表二真言門一。此依二法花宗一、共以一致幽遠也。冥道也。」といっています。顕密二教の教理を基にして、伊勢と日吉との一致をいっているのです。

『渓嵐拾葉集』巻第百八の「天照大神山王一体事」の条にも、五大院の説として、同様な文が引かれ、天照大神と山王の同体のことが述べられています。また叡尊あるいはその門弟の性忍の撰とされている『三輪大明神縁起』の巻首に、「天照大神本迹二位事」を挙げて、この条で撰者が伊勢に参宮して、天照大神の名義を知りたいと思って、社頭で祈願したところ、社殿の中から声があって、「第一義天金輪王、光明遍照大日尊」と告げたことを記し、これを「天（第一義天也）照（光明遍照也）尊（大日尊也）」と解し、法報応の三身に配当して、天照大神の本地を三身即一の大日とみています。そしてこの天照大神と三輪大明神との一体を述べているのです。

このような傾向が、さらに中世になると、日本の神々は天照大神と同等の地位にあるとする、天照大神と諸神の同体説が盛んに説かれるようになります。高橋美由紀氏は、これを「神々の下剋上」（『伊勢神道の成立と展開』）と称して、中世の神々は天照大神という「至高・絶対の存在を相対化して、自己の中に取り込み、さらにそれを超克しよう」としている、と指摘しています。伊勢の内宮・外宮の関係においても、先に触れたように、外宮の神を内宮の天照大神と同等の存在にしようとする意図があって、それが度会神道（伊勢神道）説として発展するようになりました。

伊勢の内外宮の関係は、伊勢神宮の草創の頃に遡って考えてみなくてはならないと思います。つまりいま皇祖神である天照大神を祀る内宮は、大和から雄略天皇の丁巳（四七七）の年に、伊勢に遷祀されたものであろう、と考えます。

その遷祀以前、伊勢地方には、土地神として天日別命《あまのひわけのみこと》という神が祀られていました。天日別命とは、その神名からも察せられるように、太陽を神格化したもので、伊勢の地には古くから太陽信仰があったことがわかるのです。したがって、天照大神も太陽を神格化した神であることから、天照大神が伊勢に遷祀されるに当たって、伊勢地方の信仰と何ら違和感なく受け入れられたものと思われます。

一方、天日別命の信仰は一体どうなったかというと、伊勢地方の地主神の地位にあった天日別命は、天照大神の遷祀の結果、天照大神の地位よりも一段と低い神の地位に位置づけされてしまったのです。この地方神の天日別命の祭祀を司っていたのが、伊勢地方の豪族度会氏であったのです。

こう考えると、内宮の天照大神に対して、外宮は本来度会氏の祖先神天日別命が祭神であったのであろうと考えられます。それは、外宮の神官が度会氏によって代々受け継がれていることで知ることができるのではないでしょうか。

このような草創当時の事情を考えるならば、外宮の神は後に祀られた豊受《とゆけ》大神でなく、本来は天日別命であったろうから、度会氏にしてみれば内外宮の神は、とくに格差のないものと思っていただろうと推測されます。外宮の神、この場合天日別命は、天照大神と同等の地位にある神と考えたとしても、何ら異とするに足りません。ここに内外宮の神の地位は同等であると説く度会神道説が生まれたのです。

この神道説は、外宮の神官が唱えた神道説であって、外宮の地位を内宮にまで高めようとする意図がありました。この神道説はいわゆる外宮の神官である度会氏の主張であることから、度会神道とも呼ばれているものです。

この度会神道も、後には両部神道の影響を受けて、内外宮を真言密教の胎金両部に比定するようになり、真言密教の色を濃くすることになりました。鎌倉中期頃の撰と思われ、空海に仮託されている『豊受皇太神継文』は、豊受大神に関する両部神道書ですが、この文中に「大日本国伊勢国山田原天照豊受皇太神」という文言がみられます。この「天照豊受皇太神」は、内外両宮の同体をいっているものと思われますし、さらには外宮の地位を天照大神にまで高めようとする意図も窺える興味ある表現です。

十　中世の神国思想

第四に、中世の神国思想による神仏関係であります。神国思想とは、簡単に定義することは難しいのですが、敢えて定義するならば、日本は日本固有の神々によって生成された神の国で、日本はその神々の神孫君臨の神国であり神明擁護の神国であるという考えです。

「神国」の語は、古く『日本書紀』神功皇后紀の、新羅王の言葉の中にみられますが、ここでの用い方は新羅から日本を指していわれている言葉となっています。即ち神の国の意味として用いられ、朝鮮半島では東方海上彼方に神の国があると信ずる信仰があったようです。これについては、佐々木薫氏の論考（「神国思想の中世的展開」、『大系・仏教と日本人』2、国家と天皇）があります。

中世の神国思想は、佐藤弘夫氏が説くように（「神国思想考」、『日本史研究』三九〇号）、「記紀神話的な神々の序列を前提とし、神国の内実から仏教的要素を除去しようとする古代的論理に対し、そうした序列を越えて自立と上昇を模索する神々が仏教的世界観によって再編された状況をふまえ、仏土と共存しうるものとなったところに中世的な神国思想の特質が見出」される、とするのです。

中世的神国を構成する神は、当然のことながら仏菩薩の垂迹とみる本地垂迹思想が背景にあって、日本の神々はすべて仏の垂迹なので、その意味では神も仏も本来同一であったといえます。平安時代にみられるような神の側からの神仏隔離の思想は、もはや存在しえないことになります。神国と仏国とは互いに排除すべき関係ではなく、中世においては神国は同時に仏国であったということです。このことは、あたかも天台本覚思想によって、神も仏も同一と見做される論理に裏打ちされてもいるものです。

　この、神国日本はまた仏国でもあるという考えは、いうまでもなく神国日本を仏の浄土の一つとみることになり、言葉をかえていうならば、神国はまた現世の仏の浄土であるという思想でもあります。これについては日蓮の考えが参考になります。即ち、日蓮は、この娑婆世界を浄土とみているからです。『守護国家論』に、次のようにいっています。

　問曰、法華経修行、可レ期二何浄土一乎。答曰、法華経二十八品肝心寿量品云、我常在二此娑婆世界一、亦云、我常住二於此一、亦云、我此土安穏文。如二此文一者、本地久成円仏在二此世界一、捨二此土一可レ願二何土一乎。故法華涅槃修行者所住処、可レ想二浄土一、何煩求二他処一乎。故神力品云、若経巻所住之処、若於二園中一、若於二林中一、若於二樹下一、若於二僧坊一、若白衣舎、若在二殿堂一、若山谷曠野、乃至、当レ知此処即是道場。涅槃経云、善男子、是大涅槃微妙経典所二流布一処、当レ知、其地即是金剛。是中諸人亦如二金剛一〈已上〉。信二法華涅槃一行者、非レ可レ求二余処一、信二此経一人所住処即浄土也。

　問曰、見二華厳方等般若阿含観経等諸経一、勧二兜率西方十方浄土一。其上見二法華経文一、亦勧二兜率西方十方浄土一。何違二此等文一、但勧二此瓦礫荊棘之穢土一乎。答曰、爾前浄土、久遠実成釈迦如来所レ現浄土、実皆穢土也。法華経亦方便寿量二品也。至二寿量品一、実定二浄土一、此土即定二浄土一了。

日蓮は、この娑婆の世を仏の浄土とみており、厭離穢土・欣求浄土といわれて浄土教思想のために失われた此土を、ここそ仏の浄土であると、娑婆即寂光土をいい、この世の復権をはかったのです。日蓮は同文末に「至二寿量品一、実定二浄土一、此土即定二浄土一了。」と、断言するに至りました。

この娑婆の世を浄土とみる考えの背景には、中世の護国思想の存在があります。即ち、栄西の『興禅護国論』や道元の『護国正法義』(佚)、そして日蓮にもこの『守護国家論』の他に、『立正安国論』があって、そこでは仏教が栄えることによって、その結果護国・安国がえられるという趣旨が説かれていて、此土安穏の護国思想が窺われるのです。

慈円の『愚管抄』が、神国日本を支える道理を、仏教の道理を基として説いているのも、仏教による中世的宗教国家観、それはやがて神国思想へと発展してゆくのですが、そのような観念があったからこそとみることができます。また、北畠親房の『神皇正統記』は「大日本者神国也」で始まり、三種神器に対する信仰を以て国を治める道を説いています。

つまり、神国思想は政治的な支配原理であり、またそのうちの宗教面の役割を担っていたといえるでしょう。中世において、その宗教的役割によって実現させようと願っているのは、中世的神国であって、それは仏が支配する現世の浄土といえるのです。

十一　中世神仏習合思想の特色

神国思想は、文永・弘安の役において、蒙古の来襲に際し、政治的イデオロギーとして機能したとされていますが、それは危機の到来のときに、支配層全体の求心力の論理として機能するものであり、民衆を直接国家に動員することが主要な任務ではなかったといわれています。むしろ伊勢神宮を中心として、敵国降伏のために、神仏の習合が一層深められたのです。

西大寺叡尊は、蒙古調伏を祈って、伊勢神宮に三回も参宮しています。叡尊の伝記である『金剛仏子叡尊感身学正記』によると、文永十年三月、建治元年三月、そして弘安三年の三回ですが、第三回のときに伊勢に弘正寺を創建しています。この弘正寺は、後に伊勢神道と両部神道との交流の拠点になったところです。

また第三回目の参宮のときの造製といわれている「伊勢神宮御正躰《みしょうたい》」（西大寺蔵）があります。この御正躰は、内外宮の御正躰の鏡と内外宮をそれぞれ胎金の種子曼荼羅で示したものとを、一組にしたものです。叡尊は、この御正躰を作って、蒙古調伏を祈っているのです。

神仏一体になって国難に当たっていることは、中世の神国思想が背景にあるとはいえ、中世における神仏習合思想の特色といえます。このことは、中世の日本は、神国であると同時に仏国であるという理念をはっきりと示すものです。そして一方では、この御正躰によって伊勢内外宮と真言密教教理との結びつきが明確になるのであって、それは叡尊が密教の教理をもって神道教義を形成していった、その過程が明らかになるようです。

　蒙古来襲がきっかけになって、叡尊およびその弟子たちによる伊勢神道と両部神道との融合がなされました。伊勢神宮の内外宮を胎金の両部の教説で説くようになり、天照大神は胎蔵界の大日如来が本地で、豊受大神は金剛界の大日如来が本地に比定されるに至りました。

　このような伊勢神道と両部神道の交流は、叡尊が力を尽くした三輪流神道の成立と展開に大いに役立つことになります。三輪流神道は、慶円によって創唱されたといわれておりますが、それは慶円が大三輪明神との間で交わした頌文と印明の交換、つまり互為灌頂に由来しているとされます。しかしこの伝承は、後に附加された話のように思います。三輪流神道は、いうまでもなく両部神道の影響を強く受けており、三輪流神道の形成には叡尊の力が大きいのです。三輪流神道と伊勢神道とは、互いに交流し合っており、その交流と三輪流神道の形成に力があったのは、叡尊の弟子覚乗や幸円であったろうと思うのです。

　ところで先にも引用した『三輪大明神縁起』に、古老の口伝にいうとして、日本は「国号神国、神名大神」といって、三輪流神道の大切な経典の中に、日本を神国とみる考えがみられるのです。この考えは、江戸時代の撰ではありますが、『三輪流梢灌頂伝授録』に「我国ハ神国也。以二神祇之道一、広ク渡二衆生一、過去仏已ニ我朝ニ説レ法、此レ当流最極ノ大事也。」という文にまで引き継がれ、日本は神国であると共に仏国でもあるとみる考えが、三輪流神道の中に定着していることが、明確に窺われるのです。

十三　神仏分離による断絶

以上、中世の神道説形成の背景にあるものを探り、それらの背景の下に中世の特色ある神道説が成立していった跡づけを試みてみましたが、今まで述べてきたいくつかの要素が、そのすべてではないことはいうまでもありません。中世神道形成の背景となったいくつかの要件の中には、中世の宗教研究がかなり進んできた結果、今まで見過ごされていたことが、その要件として考えられるようになりました。それらの研究成果を参考にしながら、私なりに整理を加え考察を試みたのが、この拙い講義です。その結果、中世の神道説は、中世という時代の要請として、生まれるべくして生まれたものと考えざるをえません。

中世の神道の流れは、明治維新のときの神仏分離で、廃絶のやむなきに至りました。明治以降の神道は、江戸時代に生まれた国学神道（復古神道）のみが公認された神道であって、「漢意」を排し「やまとごころ」を尊ぶ神道一色になっています。中世の神道は、仏教や道教、そして陰陽道などの異教の教義を含み、純国産の宗教ではないことから、国学神道の側から仏教と同じく排撃の対象になったのです。

そのために、中世の神道を研究するための依拠すべき史料が散逸してしまい、限られた史料に頼らざるをえない状況になってしまいました。また神道護摩などの行事も、残念なことではありますが、公には制約を受けて、みることができなくなってしまいました。学問研究のために、中世に生まれた神道行事の復活保存を念願してやみません。

御霊信仰とは何か

一　御霊とは何か

御霊《ごりょう》信仰の御霊とは、災害をもたらす怨霊のすべてを指す広義の用い方と、政治的不遇のもとに恨みをもって非業の死を遂げた人の怨霊を特定した御霊という用い方がある。後者の御霊の用い方が、歴史上政治権力との葛藤があったため、強烈に印象づけられている。この御霊のなせる災禍を防ぐために、怨霊を鎮める宗教行事が修せられている。つまり御霊会であるが、このような信仰形態を御霊信仰と称する。御霊信仰は、平安初期に桓武天皇が即位してから、天智系と天武系との政治的対立の狭間にあって、桓武天皇以下の数代にわたって、最高潮に達した。そして祇園社・天神社などの新たな傾向をもつ御霊信仰へと発展していったのである。

霊魂観の問題についてみると、霊魂を意味するアニマ（Anima）に由来するアニミズム論を唱えたイギリスの宗教人類学者タイラー（E. B. Tylor 1832〜1917）は、霊魂観には、二つの霊魂観念が含まれているとし、一つは人間の肉体を出入りする霊魂（Soul）と、もう一つは人間以外のあらゆる存在の生命原理としての精魂（Spirit）とに分類している。日本人の霊魂観を考えるとき、折口信夫は、外から付着した「外来魂」と、それが身体から抜け出る「遊離魂」とに規定している。これはタイラーのいう霊魂（Soul）に当たるもので、日本古来の「魂」と似ている。

しかしこの「魂」は、記紀など日本の古い用例からみると、「神魂（カムミムスビ）、高御魂（タカミムスビ）」のように、ムス（生成）とヒ（霊）とが用いられるように、人間の生命つまり物を生成する生命の原動力なのであって、遊離魂ではない「生成魂」をも意味しているのである。そして霊は、「産霊（ムスビ）」、霊異（クシビニアヤシ）」などと用いられて、ある種の力や働きを示す語となっている。

そして、人間の死者の遊離魂は不滅の霊魂であるが、それが「御霊」といわれる死者の怨霊の祟りをなす「みたま」とされ、「御」の字が冠されるのは、どうみても単なる怨霊ではなくて、身分のある人で無実の罪で誅《ころ》された人の怨霊であるからといえる。(1)

二　怨霊と祟り

御霊信仰は、奈良時代初めに起こって、平安中期には最も盛大となった。それは日本古来の神祇信仰と仏教との交渉によって生まれた神仏習合の形態をとっていた。そして、その信仰形態は、神祇信仰と仏教との習合ばかりではなく、大陸から古く流入していた儒教・道教、そして陰陽思想の影響もあり、神仏習合としての御霊信仰の特色がみられる。

御霊として怖れられた原初的姿は、祟り神であった(2)。その祟り神を慰撫して、安泰を願うという宗教的心意は、おそらく古い時代にまで遡りうるものであろう。それが、御霊会という御霊信仰の形態をとるようになり、非業の死を遂げた者を慰めるという宗教的心意へと変化していった。つまり、前者の宗教的心意とは区別して論じなければならない(3)。

そして、その祟りは、雷や旱魃の自然現象であったり、疫病流行の災害であったりした。祟りによる疫病の流行は、『日本書紀』崇神天皇五年と七年の条にみえているが、これは大物主神つまり三輪山の神の祟りによるものであった。その疫病の恐ろしさは、雷神の烈しさにも比すべきものがあった。また、『書紀』欽明十三年の仏教公伝のときに伝えられる疫病の流行は、仏教受容による崇仏派に対する神の怒りに他ならなかった。このような神の怒りや祟りは、神がみくびられて最大の恥辱を受けたためで、その結果としての怒りや祟りなのである。神の受けた恥とその祟りについて、最近の研究は進んでいる(4)。このように疫病の流行は、神の祟りであるとする恐怖が、奈良末より平安初期に、御霊のなせる仕業であると怖れられるようになった。その御霊とは、ここに初めて特定の政治的失脚者の死霊と捉えられるようになったのである。

怨霊の祟りとしての先駆的事例は、『書紀』崇峻天皇即位前紀に、蘇我氏と物部守屋との争いのときに戦死した守屋の資人《つかひびと》捕鳥部萬《ととりべのよろず》の死骸を八段に斬り、八国に散じ梟《くしさ》さんとしたところ、にわかに雷が鳴り、大雨が降ったといわれている。八つ裂きにしたのは祟りを怖れてのことであったが、それでも霊威が示されたことを記している。八つ裂きや逆磔《さかばりつけ》は、古くどの民族でも行なわれた刑で、残虐な刑罰とみられがちであるが、当時の人々には決して残虐とは考えられなかったのである。それは処刑者の霊魂の再生と復讐とを怖れて、防除するための咒法としての意味をもっていたためである。

非業の死が、誰かの祟りによるとされる早い例に、天平十八年（七四六）六月十八日に死んだ玄昉が挙げられる。『続日本紀』に「世相伝云、為二藤原広嗣霊所一レ害。」とあって、広嗣が玄昉と光明皇后との関係を上奏したため、聖武天皇が軍を差し向けて広嗣を誅伐したことは、「是偏ニ僧玄昉ガ讒謀也」（『今昔物語集』巻十一、六話）というように、その原因を玄昉に求めている。したがって、広嗣の霊魂が祟りをなすとの風評が立っていたことになる。

さらに『霊異記』中の「恃二己高徳一、刑二賤形沙弥一、以現得二悪死一縁第一」に、長屋王の祟りのことがみえている。それは、長屋王が藤原氏の光明子立后の反対勢力であったため、長屋王に謀叛の企てありとして、冤罪を蒙り自殺させられた、その祟りであるとされている。つまり、『霊異記』には、「（長屋）親王服レ薬而自害。（聖武）天皇勅捨二彼屍骸於城之外一、而焼末散レ河擲レ海。唯親王骨、流二于土左国一、時其国百姓多死云。百姓患之、而解レ官言、依二親王気㆒国内百姓、可㆓皆死亡㆒。」とあって、自害した王の死骸を焼いて灰にし、それを河海に捨てたところ、その灰が土佐国に流れ着いて、土佐の人々が多く病死したという。これは長屋王の祟りであるとする。

この話は、実は賤形の沙弥を刑罰したための仏法を謗った報、つまり因果応報の教えがその基盤にあり、その報いとして讒言に遇い、横死したことが主眼となっているが、長屋王が政治的に失脚した恨みが怨霊として祟りをなしていることは見逃せない。

長屋王は、天武天皇の孫、高市親王の子で、漢詩文の素養を備えた文化人で、しかも正二位左大臣にまで進んだ人で、朝廷側の権力者であった。それがため藤原一族からの反発も激しく、『続日本紀』によれば、「私学㆓左道㆒、欲㆑傾㆓国家㆒。」と密告され、天平元年（七二九）二月十日、藤原氏に率いられた軍は、王の私邸を囲み、王を捕えている。十二日にはその罪を糾弾され、自尽している。これには藤原一族と長屋王側朝廷派との勢力争いが背景にあったのである。

祟り神として説話に出てくるのは、『常陸国風土記』行方郡にみえる夜刀《やつ》神である。これは継体天皇の世、箭括麻多智《やはずのまたち》が新田を開墾しようとしたとき、夜刀神の祟りである蛇の妨害に遭ったが、麻多智はこれを打ち払い、山の境に標の杖を立てて、「此より上は神の地と為すことを聴さむ。此より下は人の田と作すべし。今より後、吾、神の祝《はふり》と為りて、永代に敬ひ祭らむ。冀はくは、な祟りそ、な恨みそ。」と。夜刀神に告げて、神と人との境界を定めた。そして、麻多智が祭司者となって夜刀神の社を建てて祀り、以来、祟りをなくしたという話である。

この夜刀神は、元来祟り神であったが、麻多智の祭祀によって、共同体の守り神へ変身しているのである。この説話には、さらに孝徳天皇のとき、壬生連麿が池の堤を築く際に蛇となって邪魔をしたので、この池は民のものなのだから妨害しないように伝えたが、それに従わなかったため、打ち殺すよう命じたので退散したという。いわゆる椎井の池にまつわる伝承である。

この話は、祟り神としての類型に入る夜刀神を祭祀することによって、その祟りを鎮めることができた話である。『風土記』にみえるこの夜刀神の説話の後段、つまり壬生連麿の話は、蛇となって現われた夜刀神を制圧するという、国家的段階へ進み、それは平定へと変質していった、とみる見解が示されている。[5] また『常陸国風土記』那賀郡にみられる晡時《くれ》臥《ふし》山の伝承も、やはり祟り神としての蛇神の類型に入るものであろう。

有間皇子が紀州藤白坂で処刑されたのは、斉明天皇四年（六五八）十一月十一日のことである。皇子は、蘇我赤兄の裏切りによって謀叛の罪で捕縛の身となり、皇太子中大兄皇子（後の天智天皇）の尋問を受け、「天与㆓赤兄㆒知。吾全不㆑解。」との弁明のみで死に臨んでいる。時に十九歳であった。

皇子は皇位継承権を有する立場にあったが、斉明天皇の治下、実権を握っていたのは、皇太子中大兄皇子であった。中大兄皇子は政敵を次々と斃してゆくので、有間皇子は「陽狂」を装っていた。しかし、斉明天皇四年十月、天皇は皇孫建王の死を悲しんで、中大兄皇子を伴って紀温泉へ行幸したとき、留守を預かっていた蘇我赤兄が有間皇子に近づき、謀叛を唆かした。

有間皇子は、はじめそのすすめに乗ったものの、結局は謀議を中止することにした。ところが、赤兄はかえって皇子を捕え、謀叛の罪を負わせてしまったのである。

このように、有間皇子は非業の死を遂げ、恨みをもって死んでいったのである。有間皇子の死を傷む歌が『万葉集』に記されており、巻二挽歌の冒頭に皇子の歌二首が選ばれているのは、それなりの理由があるといわねばならない。事件後、『万葉集』成立の頃まで長い年代を経ても、有間皇子の死を哀傷する気運が強かったことを示している。

有間皇子、自ら傷みて松が枝を結ぶ歌二首

磐代の浜松が枝を引き結び真幸くあらばまた還り見む（一四一）

家にあれば笥に盛る飯を草枕旅にしあれば椎の葉に盛る（一四二）

非業の死を遂げた人に、また大津皇子がいる。皇子のいわゆる「悪霊」を鎮めるために、龍峰寺という一寺が建立されたことを『薬師寺縁起』は記している。皇子は、厭世して不多神山（二上山）に籠居していたが、謀をもって七日間役所の蔵に閉じ込められた。持統天皇が大津皇子を禁圧したのである。皇子は怒って、「悪龍」となって天下を不安に陥れたので、皇子の「悪霊」を鎮めるために修円が祈り、鎮魂の一寺を建立したとある。

薬師寺は、天武天皇が皇后（後の持統天皇）の病気平癒を祈って発願した寺であるが、天武天皇の皇子で、持統女帝の妹大田皇女を母とする大津皇子のために、一寺を建立することになったことも、複雑な皇位継承争いのすさまじさをみせつけられる。薬師寺には、大津皇子信仰があり、龍神としての皇子が勝間田池の龍王社に祀られていた。これは水と雨乞いのための龍神信仰ではあるが、天武・持統天皇ゆかりの寺が大津皇子を畏怖して祀っているのも当然の意味がある。[6]

大津皇子は、『懐風藻』の小伝によれば、文武両道に秀でた皇子で、新羅僧行心が「太子骨法、不㆓是人臣之相㆒。以㆑此久在㆓下位㆒、恐不㆑全㆑身。」といった言に乗って謀逆を図ったとされ、逮捕処刑されている。朱鳥元年（六八六）十月三日のことである。姉の大伯《おおく》皇女は十一月十六日、伊勢斎宮の任を解かれて帰京している。『万葉集』には、大津皇子の死と二上山に移葬したときの皇女の歌をのせている。

　　大津皇子薨りましし後、大来皇女伊勢の斎宮より京に上る時の御作歌二首

神風の伊勢の国にもあらましをなにしか来けむ君もあらなくに（一六三）

見まく欲りわがする君もあらなくになにしか来けむ馬疲るるに（一六四）

そして、

　　大津皇子の屍を葛城の二上山に移し葬る時、大来皇女の哀しび傷む御作歌二首

うつそみの人にあるわれや明日よりは二上山を弟世とわが見む（一六五）

磯の上に生ふる馬酔木を手折らめど見すべき君がありと言はなくに（一六六）

とある。二上山に葬られた大津皇子の霊は畏れられ、鎮魂の願いを込めて葬られたに違いない。[7]

大津皇子の死は、持統女帝が吾が子草壁皇子の好敵手と目された大津皇子を葬ることによって、

次期皇位継承への安泰を願ってのことともいわれている。

このように、捕鳥部萬も藤原広嗣も長屋王も、共にまだ特定の御霊としての位置づけはなく、怨霊として怖れられていたことが知られるのである。御霊以前の先駆的事例として、平安初期の御霊に繋がるものを共有していた。

三　御霊会の成立

平安期に入って初めて御霊会の成立をみる。文献上での御霊会の記載は、『三代実録』巻七の貞観五年（八六三）五月二十日に神泉苑で行なわれたのが最初である。

於二神泉苑一修二御霊会一。勅遣三左近衛中将従四位下藤原朝臣基経、右近衛権中将従四位下兼行内蔵頭藤原朝臣常行等、監二会事一。王公卿士赴集共観。霊座六前設二施几筵一、盛二陳花果一、恭敬薫修。延二律師慧達一為二講師一、演二説金光明経一部、般若心経六巻一。命二雅楽寮伶人一作レ楽、以二　帝近侍児童及良家稚子一為二舞人一、大唐高麗更出而舞、雑伎散楽競尽二其能一。此日宣旨、開二苑四門一、聴二都邑人出入縦観一。所謂御霊者、崇道天皇、伊予親王、藤原夫人、及観察使、橘逸勢、文室宮田麻呂等是也。並坐レ事被レ誅。冤魂成レ厲。近代以来、疫病繁発、死亡甚衆。天下以為、此災、御霊之所レ生也。始レ自二京畿一、爰及二外国一。毎レ至二夏天秋節一、修二御霊会一、往々不レ断。或礼レ仏説レ経、或歌且舞、令二童貫之子靚粧馳射、膂力之士袒裼相撲、騎射呈レ芸、走馬争レ勝、倡優嫚戯、逓相誇競一。聚而観者莫レ不二塡咽一。遐邇因循、漸成二風俗一。今茲春初咳逆成レ疫、百姓多斃、朝廷為祈。至レ是乃修二此会一、以賽二宿禱一也。

ここで御霊とされたのは六座であって、それは早良《さわら》親王（崇《す》道《どう》天皇）、伊予親王とその母藤原吉子、観察使とあるのは誰にあてるかいろいろの説があるが藤原仲成が有力、そして橘逸勢、文室宮田麻呂の六人である[8]。この六人が御霊とされる理由は後述するが、この神泉苑で行なわれた御霊会には二人の公卿が参列しており、いわゆる官祭なのであって、南都の僧律師慧達が講師を勤めている。御霊会が勅祭として扱われたのは、いうまでもなくこれがその最初である。

このときの講師慧達は、奈良薬師寺の万灯会を始めた人で、亡者追善の行を修したといわれたため、選ばれたものと思われる。彼の講じた経は、『金光明経』と『般若心経』とで、『金光明経』は護国三部経の一つで鎮護国家を祈念する目的であり、『般若心経』は般若系の経典が怨霊調伏の目的にかなっていたので、その功力にすがっていたためである。勅命により派遣された二人の公卿、つまり藤原基経と藤原常行の二人とも天皇側近の武官であるが、基経は後に摂政・関白をつとめた人で、勅祭にふさわしい人物が会事を総監していた。時の清和天皇はまだ幼く、外祖父藤原良房ら廟堂貴族の意向が強く働いていたようである。

ところでこの御霊会は、神泉苑を開放して庶民の参観を許して行なわれた。神泉苑は平安京造都のときから禁苑としてあり、北は二条、南は三条、東は大宮通、西は壬生大路に面し、東西二町、南北四町の広大な地域を占めている。桓武天皇が初めて行幸してより、歴代の天皇はしばしばここに臨幸遊宴している。天長元年（八二四）、空海がここで雨を祈り成功してから、修法の場として知られるようになった。また、都の井戸が涸れたときには、市民に開放して池の水を汲ましめている。つまり神泉苑は禁苑ではあるが、市民も参観できる場所で、しかも修法の場でもあったことから、官営の御霊会を修する最適の場所であったといえる。

この御霊会には、雅楽の伶人によって楽が奏せられ、また幼帝に近侍している良家の子女が唐・高麗の舞を演じている。そして、散楽や雑伎（軽業・奇術の類）を競ってみせているのである。後には、これらの歌舞のほかに騎射や相撲、競馬・雑芸など、娯楽を競い、多くの観客を聚めている。これはつまり、御霊を多くの人々と共に慰撫することが、その目的となってきたのである。このような傾向は、「遐邇因循、漸成二風俗一。」と記すように、ようやく官祭として取り上げなければならないほど、否定し難い風俗となっていたのであろう。

その慰撫された霊は、六座とも皆事に坐して誅せられたため、その冤魂が祟りをなすとされ、その祟りは疫病の流行となって現われるのであった。そこで怨霊を鎮めるために御霊会を修することになったが、それはやがて夏天秋節の頃で、もともと春は花が散る頃の鎮花祭《はなしずめのまつり》であり、また疫病神が村境から中に入らないように饗応する道饗祭《みちあえのまつり》であったが、仏教化されて春の法華会つまり桜会となり、夏の御霊会となったのである。

祟りをなす怨霊が、何故に御霊といわれるようになったかというと、政治的な陰謀で失脚した人々の冤魂を特定して御霊と称しているのは、怨霊が音通で御霊に当てられるからともいわれる。このような怨霊こそ祭祀の対象として官祭さるべき霊であるから、御霊と敬称されたのである。したがって、これら御霊を祭祀した神社は御霊神社といわれ、京都には上下の御霊神社が存し、また崇道天皇を祭祀した崇道神社などが生まれている。後に触れるが、天満宮や祇園社などもやはり御霊を祭祀する神社として敬祀されているのである。

四　六所の御霊

貞観五年の最初の官祭としての御霊会に御霊として祀られた六所の霊とは、いかなる祟りをなしたのであろうか。それを確かめてみると、まず第一に崇道天皇であるが、この崇道天皇とは早良親王のことで、桓武天皇が追贈した諡号である。早良親王は桓武天皇の同母弟であったが、桓武天皇の信任厚かった藤原種継が、延暦四年（七八五）長岡京の造営長官として、建設中の長岡京を視察中暗殺された事件で、反種継の立場にあった親王は、暗殺陰謀のかどで事に座し、廃太子のうえ、乙訓《おとくに》寺に幽閉された。後に淡路に護送中、身の潔白を証しようと食事を断って抗議し、その途中で歿しているのである。この事件は、大伴継人らの首謀者が捕えられて解決する。しかし事件の真相は不明のままで、藤原氏と大伴氏との対立がその背景にあるとされている。

安殿親王（後の平城天皇）の病が、『日本紀略』前篇十三の延暦十一年六月十日の条には、「皇太子久病。卜レ之、崇道天皇為レ祟。」とあって、早良親王が祟りをなしていると信じられていた。そこで桓武天皇は、延暦十九年（八〇〇）七月に崇道天皇と追諡し、同二十四年正月に親王のために寺を建て、同四月に諸国に令して親王の怨霊を謝慰している。そして、親王を祭祀した崇道神社が生まれているのである。

第二に、伊予親王と藤原夫人とは、藤原夫人つまり吉子と桓武天皇との間に生まれた伊予親王のことである。伊予親王は藤原宗成に唆されて、大同二年（八〇七）十月、兄平城天皇への謀叛を企てたが発覚し、捕えられて川原寺に幽閉され、翌月母と共に毒を仰いで自殺した。大同二年から翌年にかけて流行っていた疫病が、「為二天下疫気方熾一也。」（『日本紀略』前篇十三）といわれるように、親王らの恨みが原因ではなかろうかという噂が立った。『日本紀略』前篇十三の大同三年四月十六日の記事に、二羽の鳥が翼を寄せ合い、頸を交差して、若犬養門の辺の柳の樹の上に死んだまま、落ちずにいたことを記しているが、伊予親王と藤原吉子母子の死を象徴しているかのようである。

同年五月十日の『類聚国史』巻百七十三、災異、疫病にみえる大同三年五月十日の平城天皇の詔に、「頃者、天下諸国、飢餧繁興、疫病相尋、多致二夭折一。朕之不徳。」とまでいうに至っていたのである。「朕之不徳」という文言は、また文徳天皇の仁寿三年四月のやはり疱瘡・癱瘥の流行のときの詔にもみえており、この年災疫が激しかったことが窺われる。大同五年七月に、二人のために併せて三十人の度者を命じていることは、その怨霊をやわらげるためのものであろうし、また弘仁十年三月には親王の号に復して、怨恨を鎮めている。この事件は、藤原仲成を中心とする式家と宗成の南家など藤原諸家の勢力争いであって、親王はその犠牲となったものである。

第三に、観察使とは藤原仲成のことであろう。つまり薬子の兄である。弘仁元年（八一〇）に起こった薬子の変に絡んで、仲成は妹薬子を諫止できなかったかどで捕えられて殺され、薬子も自殺して果てた。この兄妹は式家藤原種継の子で、薬子の変とは、先帝平城天皇の重祚をねらっての謀叛であった。薬子の女《むすめ》は平城天皇妃であったが、病気がちの天皇が早々に退位したので、権力の座を失った薬子が平城天皇の重祚を謀った事件であった。薬子にとって平城天皇は女婿に当たっていたが、薬子は薬子で天皇の恩寵を受けていたともいわれている。

薬子の変もおさまり平穏に戻ったが、いまだに「疫旱並行、生民未レ安。」（『日本紀略』前篇十四）という状態が続いていたのである。『類聚国史』巻百七十三、災異、疫病の項をみると、疾疫の流行や疫癘を除去するための奉幣や読経が記載されている。つまり弘仁九年（八一八）から貞観十四年（八七二）の五十数年間にわたって記されているのである。

第四に、橘逸勢は承和の変に関係する。承和九年（八四二）、橘逸勢・伴健岑らが中心となった謀叛が七月十七日に発覚、一族が捕えられた、いわゆる承和の変が起こっている。この変の背景について考えてみよう。仁明天皇は、天長十年（八三三）即位して、叔父の淳和天皇の皇子恒貞親王を皇太子に立てた。仁明天皇には藤原冬嗣の女《むすめ》順子との間に道康親王がいたので、恒貞親王は立太子を辞退したが許されなかった。ところが、承和七年（八四〇）に淳和天皇が、そして同九年七月十五日に淳和天皇の兄嵯峨天皇が世を去った。そして、その翌々日の十七日に、健岑・逸勢らの謀叛が発かれたのである。

健岑は皇太子に仕えていた関係で、恒貞親王を奉じて東国に移ろうとして、逸勢を仲間に引き込み、平城天皇の皇子で薬子の変以来不遇だった阿保親王の援助を得ようとしたが、阿保親王が太皇太后嘉智子へそのことを通告したので発覚したとされている。恒貞親王の無実は認められたが、皇太子を廃太子され、道康親王つまり後の文徳天皇が皇太子となった。この変で、健岑は隠岐に流され、逸勢も伊豆に流されたが、逸勢は遠流の途中遠江で死んでいる。

この事件は、道康親王の母順子の兄良房が甥の道康親王を皇太子に立てるべく、大伴・橘の両氏の勢力をそぐために図られた政治的陰謀が、背景にあったのである。承和の変以後、良房の女明子が道康親王の妃となり、藤原北家が外戚として天皇家の内部に深く入り込むことになった。逸勢の歿後、承和十年（八四三）、嘉祥二年（八四九）には、疫癘滋しとの記事が頻発する。

第五に、文室宮田麻呂は、承和十年（八四三）に謀叛の罪で伊豆に流された。その理由となったのは、宮田麻呂が筑前守を解任されたあとも任地九州に留まっており、都に帰らず留まっているのは、新羅の商人と手を結んで反乱を企てていたとされたからである。このような理由のない冤罪を蒙って斬刑されるところを、減ぜられて遠流となって死んでいったために、その怨霊を鎮めようと、御霊会の一座に数えられたのである。

五　上・下御霊社

御霊会に記された六座のうちいくつかは、他の御霊と共に、後に上御霊社・下御霊社として祀られている。上御霊社は京都御所の北にあり、かの応仁の乱の発祥の地になったところとして有名であるが、ここは、早良親王・井上内親王・他戸《おさべ》親王・藤原吉子・橘逸勢・文室宮田麻呂の六座を祭神とし、御所の東南に在る下御霊社は、崇道天皇・伊予親王・藤原吉子・藤原広嗣・橘逸勢・文室宮田麻呂の六座を祭神とする。

ここで、上御霊社には、御霊会の六座のうちにはみえない井上内親王・他戸親王とが祀られているが。この二人がなぜ御霊として祀られたのであろうか。まず井上内親王は聖武天皇の皇女として生まれ、やがて光仁天皇の皇后に立ったのである。そして光仁天皇との間に生まれたのが、他戸親王であった。いわゆる宮腹なので、皇太子となって皇位継承の最有力候補であった。しかし他戸親王の兄には、山部王（後の桓武天皇）と早良親王がいた。この二皇子の母は高野新笠で、渡来系の和氏の出身であった。皇后の井上内親王は他戸親王の皇位継承を願って、光仁天皇を呪い殺そうとした。これは藤原百川の謀略であったといわれ、そのような事実無根な噂が捏造されたようである。

村山修一氏は、この二人は恐れられた怨霊であるのに、御霊会のときに祀られなかった理由として、藤原氏による謀略説を打ち消そうとしたためであろうとみている。(9) かくして井上内親王と他戸親王は、捕えられて大和宇智へ幽閉され、三年後には亡くなっている。『続紀』宝亀六年（七七五）四月二十七日の条に「井上内親王、他戸親王並卒。」とある。この「並卒」とある同日死の記述は尋常とは考えられず、自殺か何か不吉な終焉を想わせる。

宝亀八年（七七七）、光仁天皇と皇太子山部王とが病に罹ったが、それは廃皇后井上内親王とその子の廃皇太子他戸親王の祟りであるとされた。つまり祟りをなす御霊たりえたのである。『続紀』巻三十四の宝亀八年十一月に「(光仁) 天皇不豫」、同十二月に「皇太子不豫」とあり、同月二十八日に「改二葬井上内親王一。其墳称二御墓一、置二守冢一烟一。」とある。また、『日本紀略』の延暦十九年七月に「廃皇后井上内親王追復称二皇后一、其墓称二山陵一。」とあって、二人の祟り、とくに井上内親王の祟りを懼れていたことがわかる。

また下御霊社には、藤原広嗣が御霊とされているが、それは『今昔物語集』巻十一の第六話によると次の通りである。広嗣の御霊についてはすでに少しく触れてはいるが、詳しくはこの引用によって知ることができる。

藤原ノ広嗣ト云フ人有ケリ。不比等ノ大臣ノ御孫也。式部卿宇合ト云ケル人ノ子ナレバ、品モ高ク人様モ吉カリケレバ、世ニ被用タル人ニテナム有ケル。……吉備ノ大臣ヲ以テ師トシテ、文ノ道ヲ学テ、身ノ才賢クシテ、朝ニ仕ヘテ右近ノ少将ニ成ニケリ。……于時ヨリ上ハ王城ニ有テ右近ノ少将トシテ公ニ任リ、于時ヨリ下ハ鎮西ニ下テ大宰ノ小弐トシテ府ヲ政ケレバ、世ノ人、奇異ノ思合タリケリ。家ハ肥前ノ国松浦ノ郡ニナム有ケル。

常ニハ此ノ様ノミシテ過ケル程ニ、此ク、玄昉ヲ、（光明皇）后、寵愛シ給フ事ヲ、広嗣聞キ、太宰府ヨリ国解ヲ奉テ申シテ云ク、「天皇ノ后、僧玄昉ヲ寵愛シ給フ事、専ニ世ノ謗ト有リ。速ニ此レヲ可被止シ」ト。……（天皇）「広嗣、何ノ故ニカ朝政ヲ可知キ。此ク者世ニ有テハ、定メテ国ノ為ニ悪カリナム。然レバ、速ニ広嗣ヲ可罰キ也」ト被定テ、……（広嗣）馬ト共ニ海ニ入テ死ス。

藤原広嗣は、不比等の孫、宇合の子であって、吉備真備に師事した血筋、学問ともに、非の打ちどころのない貴公子である。朝廷に仕えては右近少将であり、また同時に太宰府の小弐でもあった。その広嗣が、光明皇后と皇后が寵愛した玄昉のことを、聖武天皇に奏上したところ、天皇の怒りに触れ、広嗣誅罰の軍が差し向けられて、戦いむなしく広嗣は殺されてしまったのである。

『今昔物語集』は、続けていう。

其ノ後、広嗣、悪霊ト成テ、且公ヲ恨奉リ、且ハ玄昉ガ怨ヲ報ゼント為ルニ、彼ノ玄昉ノ前ニ悪霊現ジタリ。……悪霊静ナル事无カリケレバ、天皇極テ恐サセ給テ、「吉備ノ大臣ハ、広嗣ガ師也。速ニ彼ノ墓ニ行テ、誘ヘ可掍キ也。」ト仰セ給ケレバ、吉備、宣旨ヲ奉、……陰陽ノ術ヲ以テ我ガ身ヲ怖レ无ク固メテ、懃ニ掍誘ケレバ、其霊止マリニケリ。
其後、霊、神ト成テ、其所ニ鏡明神ト申ス、是也。

広嗣は死後、悪霊となって、仇敵玄昉に祟りかつ苦しめている。しかし、最後には天皇の命によって、吉備真備が悪霊を鎮めるために派遣され、真備の用いた陰陽道の術によって鎮撫され、鏡明神として祀られたのである。[10]

鎌倉時代頃の成立と思われる『松浦廟宮先祖次第并本縁起』には、天平十七年（七四五）、吉備真備によって広嗣の廟殿二宇を建立し、「神宮知識無怨寺」と号したことを記している。そして、天平勝宝六年（七五四）に、「定二置鏡尊廟之号一」とある。これは広嗣の廟霊忿怒のとき、御在所の方丈が鏡を懸けたように照り輝いたといわれたことによる。それは『今昔物語集』にいう、鏡明神として祀られたのは、如何なる理由なのかの説明にもなっているようである。

六　祇園社と北野天満宮

御霊信仰というと、どうしても祇園社と北野天満宮の御霊会を忘れるわけにはいかない。疫病退散のための御霊会といえば、代表的なのは祇園牛頭天王を祀る信仰である祇園御霊会である。疫病退散の御霊会の営まれた土地として、出雲路・船岡・紫野・衣笠・花園・天安寺・東寺・西寺・城南寺・白河と並んで、祇園・八坂の名がみられる。しかも祇園の地、つまり東山一帯は神送りの場所であったが、東方は薬師如来の浄土であることから、仏教の力で薬師の浄土に転じさせようとしたものであろう。これは、祇園御霊会が疫病退散のために修せられたということに連想されてのことと思われるが、祇園と薬師如来との繋がりはもっと別な底流をもっているのであろう。むしろ疫病退散のための意義は、祇園社の祭神牛頭天王にあると思われる。牛頭天王の本質については後に述べることにして、まずこの祇園社の創建について考えてみたい。

祇園社は貞観年中に、藤原基経が祇園精舎に倣って精舎を建て、牛頭天王を祀ったのが始まりとされており、その創建には、興福寺の僧円如が関わっているとされている。しかも『二十二社註式』に引く、承平五年（九三五）の太宰官符等の資料に基づいて、貞観十八年（八七六）の創建とする説がある。この創建年代はにわかには信じ難いのであって、祇園社は「祇園天神堂」あるいは「祇園感神院」の名で呼ばれていて、その初見は十世紀に入ってからである。

つまり『日本紀略』によれば、延長四年（九二六）六月に修行僧、これは円如とされるが、祇園天神堂で供養したことを記している。『一代要記』は、この年代を承平四年（九三四）あるいは五年としており、『東大寺雑集録』は承平四年のこととしている。そしてこの祇園天神堂で、疫病防除のために、石清水・賀茂上下・松尾・平野・大原野・稲荷などの諸社、および西寺御霊堂・上出雲路御霊堂と共に、山城国のために『仁王経』が転読されている。これは

『類聚符宣抄』第三に載せる天徳二年（九五八）五月十七日の左弁官下文によって知ることができる。

これらは祇園天神堂の存在を確かめうる史料なのであって、一方、祇園感神院は、天延二年（九七四）、天台別院として延暦寺との関係をもつようになった。『日本紀略』には翌天延三年六月十五日の条に、官祭としての祇園御霊会が祇園感神院で修されたことを記している。この御霊会は「天神会」と呼ばれ、祇園御霊会の実質的創始をこのときにおくのが通説とされる。一方、『二十二社註式』には、天禄元年（九七〇）の祇園御霊会をもって、疫病鎮撫のための官祭御霊会の始めとする説も存し、九七〇年代前半には、官祭としての祇園御霊会が修せられていたことは否めない。

さて、祭神である牛頭《ごず》天王であるが、この牛頭とはおそらく『法華経』にもみえる牛頭栴檀のことを指しているのであって、その牛頭栴檀を神格化したのが牛頭天王ではなかろうか。もちろん牛頭天王なる神の存在は、仏典にその名をみることはできない。牛頭栴檀は、『翻訳名義集』巻三に、『華厳経』や『大智度論』を援用して、これを身に塗れば火にも焼かれず、刀傷もたちどころに癒えるとある霊木なのである。このような霊木牛頭栴檀の特性を神として具現したのが、牛頭天王と考えれば、疫病退散に効果ある神として祀られるのに、まことにふさわしい神となる。

優塡王《うでんおう》が牛頭栴檀の像を手に、仏像を造る福徳を問うたことが『増一阿含経』に記されているが、これは牛頭栴檀を材料にして造るところの仏像のことをいっている。つまり牛頭天王とは牛頭栴檀を材料に造られた神像であるとも考えられ、それを祭神にしたのが祇園社であるともいえなくはない(11)。ともかく牛頭天王は霊木牛頭栴檀とも深いつながりがあり、それは疫病防除の役割を担っていた。

この牛頭天王は本地を薬師如来とされているので、病気平癒のための御霊会の祭神としては、最も目的に適った神であるといえる。また前にも触れたように、牛頭天王を祭祀する祇園社の地が京都の東方にあり、それはまた東の方に浄土をもつ薬師瑠璃光如来の在所であるとする考えとも一致するものなのである。

この牛頭天王は、また『二十二社註式』によると、播磨明石浦に垂迹し、同国広峰山に移り、やがて北白河東光寺（今の岡崎神社）の地に来たり、天慶年中（八七七〜八八五）に祇園感神院に移り祀られたとされている。

この神の来歴は、実は『備後国風土記逸文』にみえる武塔《むとう》の神の出現と重なり合っている。武塔の神つまり武塔天神は日本に垂迹して、宿を裕福な巨旦《こたん》将来の家に乞うたが断られ、その兄で貧しい蘇民《そみん》将来の家に泊まることができた。武塔天神は宿のお礼にと、蘇民将来の女子に「茅《ち》の輪を以ちて、腰の上に着けしめよ。」といったので、女子に茅の輪を着けさせたところ、その夜蘇民将来の女子一人をのこして、茅の輪を着けていないものは悉く殺されてしまった。そして、「吾は速須佐雄の神なり。後の世に疫気あらば、汝、蘇民将来の子孫と云ひて、茅の

輪を以ちて腰に着けたる人は免れなむ。」といい、立ち去った。如何なる疫病が流行っても、

蘇民将来の子孫の者には、病に罹らぬように呪《まじな》いをしたのである。武塔天神は悪疫退散の神、

つまり疫神であったのである。

この武塔天神が、「吾は速須佐雄の神なり」といい、素戔嗚尊と同体であることをいってい

る。このような同体説は、延長頃（九二三〜九三〇）にいわれるようになったものである。姉

天照大神に反抗し高天原を追われた素戔嗚尊の霊を鎮めるために、祇園御霊会が始まったとす

る説は、この武塔天神と素戔嗚尊の結びつきがその背景にあった。祇園御霊会には、このよう

な説話が結びついているのである。

次に北野天満宮のことであるが、北野天満宮はいうまでもなく菅原道真の怨霊を鎮めるため

に創建された。道真は藤原時平の讒言に遇って右大臣の地位を追われ、九州太宰府の地に流さ

れた。先帝宇多天皇の信任を得ていた道真であったが、醍醐天皇に替わると信頼は時平の方へ

移り、藤原氏の権力を脅かす道真を追放するに至ったのである。

配所にあった道真は、都を思いつつ延喜三年（九〇三）に九州の地で亡くなった。道真の死

後、道真の怨霊のなせる災いと思わせる事件が続発することになる。主なものを列記すると、

次のようになる。

延喜九年（九〇九）　藤原時平、死す（三十九歳）。……（道真没後六年）

同二十三年（九二三）　皇太子保明《やすあき》親王、死す（二十一歳）。……（道真没後二十年）

延長三年（九二五）　皇太孫慶頼《よしより》王、死す（五歳）。……（道真没後二十二年）

同八年（九三〇）　六月二十六日、清涼殿に落雷。大納言藤原清貫は、雷に打たれて死し、右中弁平希世《まれよ》は顔に大やけどを負った。右兵衛佐美努忠包、焼死。醍醐天皇、病状悪化。九月二十二日、退位。朱雀天皇、即位。九月二十九日、醍醐天皇崩御。……（道真没後二十七年）

このように不吉な事件が相次ぐのは、道真の怨霊のなせる災いであるとされた。『日本紀略』によると、延喜二十三年の皇太子保明親王の死は、菅帥の「霊魂宿忿《しゆくふん》」の仕業であると記している。

道真の怨霊を鎮めるために創建された当初の北野社、後の北野天満宮は、『北野縁起』によると天暦元年（九四七）の創始とされているが、『最鎮記文』所収の貞元元年（九七六）の官符に北野寺の名がみえることから、貞元頃の創建と思われる。この『最鎮記文』に、近江国高嶋郡比良郷の神良種《みわのよしたね》が来たって、火雷天神の御託宣といって、いま右近馬場に祀られているが、ここは興宴の場所であるから、他の場所に移すようにいってきた。『北野縁起』下では、この託宣が良種の七歳の男子に対してであったり、『天満宮託宣記』では、その子の名を太郎丸としている。そして、その年代を天慶九年（九四六）、あるいは翌天暦元年（九四七）のこととしている。

これより先、天慶五年（九四二）に、多治比《たじひ》希子に託宣して、祠を造って祀らせている。右近馬場から北野へ移すに当たって活躍したのが、朝日寺の最鎮である。この最鎮（珍）は、北野天満宮の創立者の一人である。また『菅家御伝記』所収の『外記日記』に、永延元年（九八七）八月五日、朝廷の手で初めて「北野聖廟」の祭祀を行なうとあるから、この頃には北野社は「聖廟」として崇められていたことがわかる。つまり慶滋保胤《よししげのやすたね》の願文によって、今まで怨霊の神であった道真の霊は、永延元年に官幣に与かり、文道の神として祀られるようになった。北野聖廟といわれるようになったのも、そこに理由があった。

そもそも、北野の地は神聖な霊場であった。天満宮が創建されるには、最もふさわしい場所であったのである。『続日本後紀』の承和三年（八三六）二月一日の条に、遣唐使の一路平安を祈って北野に天神地祇を祀っている記事がみえ、『西宮記』巻七の裏書に、延喜四年（九〇四）十二月十九日のことが記されていて、そこに左衛門督を北野に派遣して、雷公を祀ったことがみえる。この祭りは、故太政大臣藤原基経が元慶年中（八七七〜八八五）に、豊年を願って雷公を祀り、その感応があったとされ、毎年秋の祭りとして定着したものである。藤原基経は、貞観五年の神泉苑での御霊会に、勅使として参加監督していたその人である。このように北野の地は、天神・雷公を祀る神聖な霊地であったのである。このような地に天満宮が祀られたのは、それなりの理由があったのである。

七　御霊信仰の盛衰

以上、御霊信仰は、飛鳥・奈良朝の怨霊の鎮魂にその先例を見出すことができ、平安朝の初期に盛行することになった。光仁天皇は、天武系最後の孝謙天皇（重祚して称徳天皇）に後継がなかったため、初めて天智系の天子として即位したのである。時に天皇は六十二歳という、当時としては高齢であった。しかも当時の政情は不安で、天皇は『続日本紀』巻三十一によれば、即位前、酒に耽り行方を晦まして、危害の加わることを避けていたといわれる。即位の後は平穏な治世が続いたが、天皇の晩年つまり宝亀三年（七七二）三月二日、皇后である井上内親王が「魘魅《えんみ》大逆」の咎によって廃され、同年五月二十七日、皇太子他戸親王も「謀反大逆人之子」として廃太子となった(12)。

この事件は、藤原百川、そして彼の異母兄良継および生母久米連若女とその後宮勢力によって起こされたものとされている。廃太子のことがあったので、同四年正月三十一日、山部親王が皇太子として立つことになった。山部親王は後の桓武天皇で、光仁の第一皇子であった。生母は渡来系の高野新笠であったため、宮腹の他戸親王が皇太子となっていたのである。しかし山部親王に対峙する天武系の動向は、決して安心できる状況ではなかった。そこで淳仁天皇の墓を山陵と改めたり、井上内親王の墓を改葬して山陵としたりしていることは、天武系に対する気配りを思わせる。

桓武天皇はこのような中で、政権の安定と天皇の地位保全のために、断固たる政策をとらざるえなかったのではなかろうか。そのために、延暦四年（七八五）九月、同母弟の早良親王を、長岡京造営の責任者、藤原種継暗殺を巡る事件の黒幕という冤罪で斥けたり、山部親王時代に、他戸親王と井上内親王が謀反の罪で大和に幽閉されるなど、怨恨を受けるに値する処遇をなしているのである。これらの事件の背後には、藤原氏内の権力争いや藤原氏と大伴氏との軋轢があったことも見逃せない。しかし桓武天皇に対する怨恨の圧力は、大なるものがあったであろう。その他このような政治的に不遇になった怨霊、それはやがて御霊と特定されるが、その鎮魂のために御霊会が修されるようになった。

御霊とは、つまり政治的に不遇で亡くなった人の怨霊を指すが、後には単に恨みをもって亡くなった人の霊についても御霊というようになり、これは広義の御霊といえる。貞観五年の勅会としての御霊会で祀られた六座の御霊は、政治的に恵まれずに亡くなった人々である。また、祇園御霊会は素戔嗚尊の霊の鎮魂のためであり、北野天満宮は菅原道真の怨霊の鎮魂のために建立されたといわれ、ともに御霊信仰の社である。これらの猛威を振るった御霊も、やがて密教の修法によって鎮魂されるようになると、仏教の力によって怨霊が封じ込まれることになり、御霊信仰も漸次衰えていったのである。

註

（1）西宮一民「タマとタマシヒとミタマとゴリャウ」（『国文学　解釈と鑑賞』八〇二号）。

（2）祟り神の本質については、中村生雄『日本の神と王権』（平成六年）に卓見がある。また地方（民間）と中央との関わりから、御霊信仰を把握しようとする見方がある。それは安井速「御霊信仰の成立―タタリ神から本地垂迹へ―」（『仏教史学研究』四十一巻二号）。

（3）柴田実「御霊信仰と天神」（『柴田実著作集』第三巻所収）、上野誠「非業の死者の語りと王権」（『国文学　解釈と鑑賞』八〇二号）。

（4）鎌田東二「記紀神話にみる御霊信仰」（『国文学　解釈と鑑賞』八〇二号）。

（5）多田一臣「夜刀神話説を読む」（『古代文学』昭和六十三年三月、『古代国家の文学』所収）。

（6）上野誠、前掲論文。

（7）伊藤博「恋物語の傾向」（『万葉集相聞の世界』塙書房、一九五九）、神堀忍「大伯皇女と大津皇子」（『万葉』五十四号）、都倉義孝「大津皇子とその周辺―畏怖と哀惜と―」（『万葉集講座』第五巻、有精堂、一九七三）、近藤信義「謀反―大津皇子の悲劇を中心として―」（『万葉の虚構』雄山閣、一九七七）、橋本達雄「大津皇子・大伯皇女の詩や歌は後人の仮託か」（『国文学』学燈社、昭和五十五年十一月号）。

（8）高取正男「御霊会の成立と初期平安京の住民」（『京都大学談史会五十年記念国史論集』、『民衆宗教史叢書』五）、所（菊地）京子「御霊会の成立と展開」（『史窓』十七・十八合併号、『民衆宗教史叢書』五）、井上満郎「御霊信仰の成立と展開―平安京都市神への視角―」（『奈良大学紀要』五）、今市優子「貞観五年御霊会の成立について」（『文化史学』四十五）、宮崎浩「貞観五年御霊会の政治史的考察」（『史学研究』一九八号）。

（9）村山修一「II御霊のルーツと官祭御霊会前後の風潮」（『天神御霊信仰』）。

(10) 前田雅之「『今昔物語集』にみる御霊信仰と神仏習合」(『国文学　解釈と鑑賞』八〇二号)。
(11) 門屋温「御霊会と神仏習合」(『国文学　解釈と鑑賞』八〇二号)。
(12) 角田文衞「宝亀三年の廃后廃太子事件」(『律令国家の展開』、のちに『角田文衞著作集』第三巻)。

II　日本天台と神

日本天台の開宗と教え

一　中国の天台宗

智顗と天台山

天台大師智顗《ちぎ》は、梁国の大同四年（五三八）、荊州華容県《けいしゅうかようけん》に生まれた。智顗の眼は重瞳《ちょうどう》（ひとみが二重になっていること）であったといわれている。この重瞳は、人なみ優れた人物の相であるといわれる。

十八歳で、母方の伯父にあたる法緒和尚について出家している。そして二十三歳のとき、つまり陳の天嘉元年（五六〇）、大蘇山に運命的出会いとなった慧思禅師を尋ねている。南嶽に向かった慧思禅師を追って、智顗も南嶽衡山《こうざん》の禅師のもとを尋ねたが、陳の都建康《けんこう》（今の南京）での布教を命ぜられた。建康の瓦官寺《がかんじ》に住して、主に『法華経』を講じていたが、智顗の優れた才能は多くの人の知るところとなって、その名声は高かった。

智顗は自己の修行のために建康を離れて、太建七年（五七五）、三十八歳のとき天台山に入った。天台山は道教の霊地として知られていたのである。翌年、三十九歳のときに天台山華頂峰で開悟している。在山すること十年、その間に仏隴《ぶつろう》に修禅寺を建立している。至徳三年（五八五）、四十八歳のとき天台山を下りた智顗は、再び建康に戻った。建康に戻った智顗は名刹光宅寺に住し、ここで『法華文句《ほっけもんぐ》』を講じている。やがて、六朝末の戦乱のため、智顗は故郷をめざして廬山や長沙に留まった。

隋が天下を統一し、文帝は仏教保護政策を打ち出した。また晋王広（後の煬帝《ようだい》）は智顗を信任し、開皇十一年（五九一）、揚州の禅衆寺を復興してここに迎えている。そして晋王は乞うて菩薩戒を受け、智顗を智者禅師と称し敬っている。翌十二年、廬山・南嶽衡山を経て、故郷荊州に帰着した。智顗は荊州当陽県に一音寺を創建している。後の玉泉寺である。同十三年（五九三）、この玉泉寺において、『法華玄義』を講じ、続いて翌年『摩訶止観《まかしかん》』を講義した。ここに天台立宗の根本経典であるいわゆる法華三大部の完成をみたのである。

同十五年（五九五）、再び揚州の禅衆寺に暫く留まっていたが、天台山に向かった。かつて天台山を辞してより十年の後に天台山に入った智顗は、懐古の念にしばしひたることができたが、同十七年（五九七）に入って、『維摩経玄疏』『維摩経文疏』を著わした。

この年、智顗は病に臥し、自ら死期をさとって天台山の西門の石城寺《せきじょうじ》（大仏寺）に入った。晋王広は、智顗の病篤いことを知って薬を送ったが、智顗はそれを固辞して、ついに十一月二十四日、石城寺にて入滅した。世寿六十、法臘四十であった。世に天台智者大師と称せらる。

天台大師の教え

天台大師の説かれた教学の大綱は、教門（理論面）と観門（実践面）の二門に要約される。教門とは、『法華経』を中心とする仏教の総合的組織を述べるものである。観門は、止観つまり座禅の修習を通して悟りへの道筋の分析をする仏教実践法である。そしてその二門を統合する教観双修を目的としている。

仏教を総合的に整理して、五時八教の教判を組織し、釈尊説法の内容を蔵・通・別・円の四教に分類し、空・仮・中の三観を基本的な観法とした。そして一心三観（執われの心を破し、この世の現象は仮のものと知り、絶対的世界を悟ることを、一心の内に悟り観ること）や一念三千（自己の心にすべての世界を感得すること）などを説いた。

『法華経』の思想

『法華経』は、現在二十八章から構成されている。伝統的には、その前半の十四章と後半の十四章とを分けて、前半を迹門といい、後半を本門という。本門とは、釈尊は久遠の昔にすでに仏になっていたとその本地の仏を顕わした部分で、迹門とは、この世に現われた釈尊は、本地の仏が衆生を救うために迹を垂れたものとする部分を指している。つまり、図示すると次のようになる。

迹門―序品第一〜安楽行品第十四

本門―従地涌出品第十五〜普賢菩薩勧発品第二十八

このように、釈尊がこの世に生まれたのは、久遠の仏によって作られた教説を衆生に説くためであると考えた。

『法華経』は如何なる思想を主体としているのであろうか。まず第一にこの世の統一原理として、一乗妙法を説く。方便品第二において、この世のすべての事物のありのままの姿、真実の姿（諸法実相）について説き、事物の起こりを十の類型に分類した。それは十如是と呼ばれる如是相・如是性・如是体・如是力・如是作・如是因・如是縁・如是果・如是報・如是本末究竟等である。この世の事物は、この十如是のもとに互いに関係しあっているところに真理をみたのである。この真理は、最高・絶対であることから妙法といい、諸仏・諸法を統合する乗りものであることから一乗とか、一仏乗といった。いわゆる仏の究極の教えである。

第二には、如来寿量品第十六において、久遠実成の仏を説いている。久遠実成の仏とは、釈尊がこの世に生まれる前に、釈尊によって説かれた教説を作った仏のことで、理想上の仏（法）のことである。歴史上現実の釈尊は、実は理想上の久遠実成の釈尊の生まれかわりであると説くのである。つまり本地が久遠実成の釈尊で、垂迹が歴史上現実の釈尊なのである。したがって、久遠実成の釈尊が姿を消したからといって、釈尊がなくなってしまったわけではない。久遠実成の釈尊と歴史的現実の釈尊との合一をいうのである。

そして第三に、『法華経』は菩薩道を説いている。法師品第十から嘱累品第二十二までは、一貫して菩薩行を説いている。菩薩道とは、大乗仏教のあり方で、人を救うことができる利他の道である。久遠実成の仏は、絶えず利他の菩薩行を行なっていたことから、それを現実の世において実現しなければならなかったのである。この菩薩行の教えが、やがて日本天台のあり方を、大乗仏教として位置づけさせることになったのである。

二　日本の天台宗

最澄の入唐

伝教大師最澄は天平神護二年（七六六）、比叡山の山麓（今の生源寺の地）に生まれた。父は近江の地方豪族で三津首巨枝《みつのおびときよし》といった。最澄十二歳のとき、行表《ぎょうひょう》について出家し、広く仏教の経論について勉学した。たまたま奈良の都で、鑑真和上《がんじんわじょう》の将来した『法華玄義』『法華文句』

『摩訶止観』、つまり法華三大部と菩薩戒についての経典をみる機会に恵まれた。この法華三大部は天台大師智顗が説いた教えであって、いわば天台宗の根本となる経典であった。

最澄は延暦四年（七八五）に比叡山に登り、同七年（七八八）山頂に一宇を創建して一乗止観院と名づけた。今の根本中堂であり、いわゆる延暦寺の草創である。しかし最澄は、奈良でみた天台の教えに惹かれていたので、天台教学を究めるために唐に渡ることを決心するに至った。

延暦二十三年（八〇四）、遣唐使の船団に加わって入唐した。入唐の目的は、天台山に行って天台教学を究めることにあったが、最澄の資格は還学僧《げんがくそう》であって、いわば短期の留学僧であった。一方、長期の留学を許されているものは留学僧といわれている。ともかく、天台宗の教えを日本に伝え弘めたのは、最澄である。

最澄らを乗せた遣唐船が、ようやく明州（寧波）に到着したのは、唐の貞元二十年（八〇四）八月末のことであった。最澄は、ここで弟子義真らとともに遣唐使らの一行と別れ、南の方角に当たる天台山に向かった。台州臨海に到着して、ここで台州滞在の許可（ビザ）を得ることができたが、許可を与えたのは台州刺史（地方長官）の陸淳であった。この陸淳の力に与って、最澄は道邃《どうずい》和尚に会うことができた。そして、道邃和尚から『摩訶止観』を伝えられたのである。道邃和尚は天台第六祖荊渓大師《けいけいだいし》湛然《たんねん》の高足で、天台第七祖修禅寺座主となった天台山での優れた高僧であった。

最澄ら一行は漸く天台山に向かい、仏隴に登り、行満和尚に会って、経典八十余巻を授けられた。また仏隴の禅林寺翛然《しゅくねん》から、達磨より伝えられた牛頭《ごず》禅を受けている。また国清寺の惟象和尚より、密教の曼荼羅を伝えられている。

一カ月ほどで天台山を下りた最澄ら一行は、臨海の龍興寺の道邃和尚のもとに帰り着いた。翌二十一年二月、経典の書写を終え、求めえた経典・仏具類などを記録した『台州将来目録』を完成している。そして最澄は、義真らとともに、龍興寺において道邃和尚から円教菩薩戒を授けられている。これが後に、最澄終生の悲願であった大乗戒壇設立の要因となったのである。

台州を辞して、一行は明州に向かった。明州に着いたとき、遣唐使船の出発までに約一カ月あることを知り、そのわずかな猶予を利用して越州府（紹興）に向かった。ここの龍興寺にて順暁《じゅんぎょう》阿闍梨に値遇し、五部灌頂曼荼羅壇場に入り、真言の密教を受法した。さらに大素・江秘・霊光らからも、密教の秘法を伝授されているのである。最澄はこのとき、明州と越州で入手した経典目録『越州将来目録』を撰している。同年五月、明州を発って帰国の途についた。日本に帰り着いたのは延暦二十四年六月のことである。

日本天台宗の開宗

唐から帰朝した最澄は、日本天台宗の開宗を目指すことになった。帰朝の翌延暦二十五年一月、南都六宗に加えて、天台法華宗に年分度者二人を賜わらんことを上表した。上表して約三週間の後、華厳・律業に各二人、三輪・法相業各三人に加えて天台業に新たに二人が認められ、天台法華宗は公認されるに至った。ここに日本天台宗は開宗されたのである。

年分度者とは、毎年決められた数の出家者が国費で養成される制度で、各宗ごとにその数が定められていた。度者は、各宗の決まった経典の研究が義務づけられている。天台宗の場合は止《し》観業《かんごう》と遮那業《しゃなごう》にそれぞれ一名が認められているが、止観業は『摩訶止観』の研究者であり、遮那業は密教の研究者に当たり、顕密両業の研究が認められることになった。この制度が日本天台宗で動き出したのは、大同五年（八一〇）、宮中の金光明会からで、止観業と遮那業にそれぞれ四名の度者が認められたのが初めてである。

大乗戒壇の設立

最澄は、南都の戒壇は小乗戒の戒壇なので、自己の修行ばかりになってしまうことを懸念して、天台宗の教えは、『法華経』に基づき、自己の修行ばかりでなく他人をも救う、つまり忘己利他の菩薩道であるから、他人を救うことのできる大乗戒を受けた菩薩僧の養成をめざしていた。最澄のこの主張は、すでに鑑真将来の経典類の中で、早くも大乗菩薩戒の経典に接しており、さらには、龍興寺において道邃和尚から授けられた円教菩薩戒に由来しているのである。

そのためには、大乗戒を授けることのできる戒壇を設立しなくてはならなかった。最澄は、大乗戒の必要性を主張した『顕戒論』を著わして設立の許可を求めてきたが、南都側の反対にあってなかなか実現に至らなかった。それが実現したのは弘仁十三年（八二二）六月四日に、最澄が年五十七で遷化したそのときより数えて、一週間後の六月十一日で、比叡山に大乗戒壇の建立が勅許になった。残念ながら、大乗戒壇設立の最澄の悲願は、生前にはついに達成されなかったのである。

日本天台と密教

密教は、弘法大師空海によって日本に伝えられ、真言宗の設立をみるのであるが、最澄も、偶然とはいえ越州龍興寺において順暁阿闍梨に値遇し、真言密教を伝授されてきている。つまり、日本天台においても密教は重要な地位を占めているのであって、年分度者の遮那業とは、密教を研究する僧の養成であることはいうまでもない。天台宗は顕教と密教との両立を図っていたのである。したがって日本天台の教えは、顕密禅戒といわれるように『法華経』中心ではあるが、そればかりではなく密教も座禅（止観）も戒も、兼ねて修行することをその目的としていた。

密教は、真言宗（東密）が両部つまり胎蔵部と金剛部との二本立てであるのに対して、天台宗の密教（台密）は三部になっている。それは胎蔵部と金剛部に加えて、この両部を統合する蘇悉地部《そしつじ》が加わっているからである。蘇悉地部は、慈覚大師円仁によって日本に伝えられたもので、空海はこれを伝えていなかったのである。円仁によって蘇悉地部が伝えられたことによって、天台宗の密教は、真言宗の密教より、より高度な密教へと発展していったのである。天台宗は顕密合行の立場をとってはいるが、密教への傾きも大きく、円仁の後、智証大師円珍や五大院安然らの活躍によって、台密は大成されるに至ったのである。

最澄の行業

おわりに最澄の業績を、列挙しておく。

1、天平神護二年（七六六）一説、神護景雲元年。
　最澄、誕生（幼名、広野）。
2、宝亀八年（七七七）一説、宝亀九年。
　行表について出家。
3、宝亀十一年（七八〇）
　近江国分寺で得度。最澄と名のる。
4、延暦四年（七八五）
　比叡に入山。
5、延暦七年（七八八）
　一乗止観院（後の延暦寺）を創建。
6、延暦二十三年（八〇四）八月（唐、貞元二十年）

入唐。翌年、帰国。

7、延暦二十四年（八〇五）九月
初めて灌頂を高雄山寺に修す（結縁灌頂の初め）。

8、延暦二十五年（八〇六）一月
天台法華宗に年分度者二人を賜わる。天台宗の開宗。

9、大同二年（八〇七）二月
初めて法華長講会を叡山で行なう。

10、大同三年（八〇八）
慈覚大師円仁、叡山に登り、最澄の弟子となる。

11、弘仁三年（八一二）
弟子泰範、叡山を去る。

12、弘仁六年（八一五）頃
東北巡化に出る。

13、弘仁八年（八一七）頃
東大寺徳一との論争。

14、弘仁九年（八一八）三月
小乗戒を棄捨。

15、同年四月
六所の宝塔の建立を発願。
16、弘仁九〜十年
『山家学生式』（六条式・八条式・四条式）を制定。——「一隅を照らす、此れ則ち国宝なり。」
17、弘仁十一年（八二〇）二月
『顕戒論』三巻を撰述、『内証仏法相承血脈譜』を上表。
18、同年九月
叡山に相輪樘を建つ。
19、弘仁十三年（八二二）六月四日
比叡山の中道院にて遷化。世寿五十七。
20、貞観八年（八六六）七月
「伝教大師」の号を勅賜さる。

慈覚大師の入唐求法

一　大師号の最初

慈覚大師生誕千二百年慶讃にちなんで、お話しいたします。

慈覚大師円仁（以下、円仁と略称）は、説明するまでもなく下野国つまり栃木県の出身で、後に天台座主にもなられた高僧です。

円仁は大同の末年、十六歳のときに、師の広智に伴われて比叡山に登ります。そして、日本天台を開創した伝教大師最澄の下に弟子入りするのですが、最澄はその頃四十三歳、日本天台を開宗したのが延暦二十五年ですから、それから二、三年しか経っていない頃に弟子入りするのです。したがって、最澄の血気盛んなときに、円仁は弟子入りしたということになるかと思います。

そして、師の最澄から数えて天台宗の歴代では第四番目、第四祖と称していますが、なお天台座主の職からいうと第三代の座主に任ぜられています。これは、最澄は座主に任ぜられておらず、二代目の義真が初代の座主に任ぜられたものですから、次の円澄、そして円仁と数えるわけで、したがって三代目の座主ということになるのです。

遷化されたのは貞観五年、七十一歳ですが、円仁のいろいろの業績や何かを考えまして、後には円仁が亡くなった後、円仁を神仙化する、要するに仙人として扱う、そういう説話が誕生しました。山形の立石寺に遺体が飛んでいったという話が伝えられているのです。草履の片方だけを叡山の近くの如意ヶ岳というところに残していったというので、これは仙人でいうと、尸解仙《しかいせん》、何か身につけるものは残しているけれども、しかし体はどこかへ行ってしまったという仙人のなり方です。尸解仙の尸とは屍のことです。屍がなくなってしまった、つまり体が消えてしまった仙人ということで、円仁は亡くなった後、仙人として伝説化されることになります。

もう一つ、われわれが円仁に対して誇ってよいことがあります。それは大師号を伝教大師最澄と一緒にもらいました。それは日本で最初のことなのです。伝教大師そして慈覚大師という大師号は、日本で最初の大師号になります。われわれがお大師さまというと、伝教大師とか慈覚大師とか、いろいろな方を思い浮かべます。ところが、一般の方ですと、お大師さまというと弘法大師空海をすぐ思い出します。空海は、伝教大師やあるいは慈覚大師以後に、大師号をもらっています。日本で最初の大師号は、伝教大師、慈覚大師に始まるのです。そういうことで、われわれは宗祖に次いで、円仁を誇りに思っていいと思います。

二　円仁の関東・東北巡化

なお円仁の業績というと、関東から東北にかけて、円仁発願あるいは円仁開基という寺がたくさんあります。この日光山も円仁の中興ということになっていて、円仁と因縁浅からぬ場所です。円仁開山の寺は、関東から東北にかけていくつあるかというと、二百九十二カ寺という数え方があります。あるいはまた一説には三百二十一カ寺という数え方もあるのですが、どちらにしても約三百近い開基、あるいは発願の寺があります。これは円仁の関東あるいは東北における教化の賜物ではないかと思いますし、かつは円仁の遺徳がいかに優れていたかを示すものではないかと思うのです。

円仁は下野国に生まれ、後に叡山に登って修行しました。それから唐に渡って勉強するのですが、今日はとくに唐に渡っていかに円仁が苦労されたかということに焦点を絞ってお話ししようと思います。

円仁が関東、東北に来られて巡化されたその頃を、一体いつに想定するかなのですが、これは伝記にもはっきりと書いていないのです。いろんな書物をみても、そのことははっきりしていません。伝記の中で北の方へ行ったという表現が一カ所あることから、おそらくその頃、円仁は叡山を下りて、関東・東北方面の巡化に努められたのではないかと私は思うのです。

その頃とは一体いつ頃かということですが、実は円仁は唐に行かれる前に大変な大病を患っています。唐に渡ったのは八三八年ですが、それから約五、六年前の八三二年、年号でいうと天長九年に眼を患いまして、非常に苦労をなさいました。眼を患えば誰でも大変不自由な思いをするのは、いうまでもないことです。お経も読めない、弟子の指導もできない。それからほかのところへ行って教化もできないということになりますから、大変苦労なさった。伝記によると、「命、久しからざるを知る」という表現があるのです。だから大変な大病だったと思うのですが、おそらく眼だけではなく、ほかも若干冒されていたのではないかと思います。

その眼病がよくなり、しばらく経って唐に行くことになります。眼病がよくなってから唐に行くまで約三年ぐらいあるので、おそらく眼病を二、三年患い、その後二、三年の療養があって、唐に渡ったのであろうと思います。唐に行かれるからには、健康も回復し、たぶん自信もあったのだと思われます。

ですから、もし関東・東北に円仁が来られて、巡化をなさったという可能性を考えるならば、おそらくその眼病が治って、そして唐に渡られる前だろうと思うのです。この間に関東・東北方面に行かれたと考えれば、素直に解釈できるのではないでしょうか。私はそう考えますが、しかしこれは、はっきりしないことなのです。つまり、いつ来られたかについては諸説があり、どこにも確実な記録が残っていません。伝記からみると、北に向かったということだけが、わずかな手がかりとなっているだけです。

三　入唐求法の動機

それでは、そういった大病をなさった後、いわゆる入唐求法の動機、どうして唐に行かれる気持になったのか。これは今も申したとおり、眼病が治って健康も回復して、自信がついたということもあると思います。

それから伝記によると、こういうことがあるのです。唐に行くことについて、承和二年（八三五）のことですが、伝教大師が夢の中に現われて、お前は唐に行って勉強してくるようにといわれたというのです。昔の偉い人の伝記を読みますと、夢の中のお告げ、つまり夢告がよくあるのです。夢のお告げ、これは単なる夢のお告げではなくて、非常に霊験あらたかなものもありましょうし、それから、自分の師匠から、自分ができなかったことをお前に託すぞというような夢告もあるわけです。円仁も師である伝教大師からの夢告を受けます。

その夢告はどういう内容かというと、ひとつは真言門のことについてで、いわゆる真言系についてです。これはおそらく伝教大師が唐で達成されなかったことを、その夢の中でお告げになったと思うのですが、天部の諸尊供養法を向こうで調べてこいということが一つありました。それからもう一つの天台門のことにつきましては、中道の捉え方に疑問があるから、それを正してこいというものでした。

この二つの夢告を受けて、これは唐に渡って勉強しなければだめだというので、中国に渡ることになります。円仁は命ぜられて中国に渡りますが、短期留学です。それは請益僧《しょうやく》といって、長期ではなくて短期なのです。長期の留学生の場合は、留学僧《るがく》といいます。

円仁は短期の留学を命ぜられて行くわけですが、同時に天台宗の僧で、円仁と一緒に行かれた僧の中に留学僧がおりました。唐で長期に滞在していろんな勉強をしてこいという、その留学僧に命ぜられて行った人もいるのです。それは円載という僧です。円載も遣唐使の船で一緒に行くのですが、そのときに船団を組んで行きますから、一つの船に一緒になる場合もありますし、別々の船に乗っていく場合もあります。

これは有名な話ですが、伝教大師最澄が唐に渡られたとき、弘法大師空海も一緒に行っています。しかし、最澄と空海の乗った船が別々なんです。ですから一緒には行っていますが、なかなか話し合う機会もなく、むしろ帰ってきてから親しくなります。このように何隻かの船団、円仁が行かれたときには四隻の船ですが、当時の航海ですから、全部の船が無事に着くことはなかなか難しいのです。どこかで台風に遭うとか、あるいは風向きの変化によって南の方に流されてしまうというようなことで、なかなか船団全部が向こうに着くのは難しいのです。もちろん帰ってくるときも同じ条件です。

円載も円仁と一緒に行き、天台山に四十年間滞在して向こうで勉強します。ところが、帰国途中、船が難破して亡くなってしまうのです。円載はそのとき、船に経典類、数千巻を乗せていたというのですから、大変な経典を日本に持ち帰ろうとしたのでしょうが、残念ながら途中で船もろとも無くなります。もし円載の持ってきた経典類が日本に渡っていれば大変なものが残ったと思うのですが、残念なことです。

円仁は、最初に船が揚州というところに着くのですが、そこで集めた経典類を遣唐大使の船に乗せて、日本へ送ります。それからまた帰国のときにも持ち帰っているので、日本に多くの経典類が伝えられています。

そんなふうに、唐に向かった円仁が最初に着いたのは揚州ですが、揚州は、揚子江を挟んで南京の北岸に当たる場所にあります。有名な鑑真は揚州のお寺の僧で、日本に戒律を伝えるために、失敗をくりかえしながら、六度目にようやく日本に辿り着いています。その鑑真のいた同じ揚州に着かれたのです。それからやがて中国の所々を巡ることになります。一時は日本へ送り帰されようとしますが、遣唐使の船団から逃れて唐に留まり、有名なところでは五台山に登り、長安を廻って、日本に帰ってきます。

四　念仏と密教

円仁が日本に伝えたもののまず第一は、念仏です。これは五会《ごえ》念仏と称するのですが、それを五台山から伝えています。つまり日本における念仏の最初の伝来者は、円仁なのです。

この五会念仏が基になって、その後、叡山には叡山浄土教が生まれます。恵心僧都源信が『往生要集』を著わし、それがやがて鎌倉仏教の法然とか親鸞の、あの念仏門へと発展していくわけですが、その先鞭をつけた方が、五会念仏を伝えた円仁なのです。

次に大事なことは密教についてですが、空海が伝えたのは胎蔵界と金剛界という両部の二つなのです。ところが、円仁はもう一つのものを伝えています。空海が持ってこなかった蘇悉地《そしつじ》部を伝えたのです。密教教典の中の胎金両部を総合した最も奥の深い密教として蘇悉地部があるのですが、円仁はこの蘇悉地部の教典である『蘇悉地経』を日本に伝えています。そして円仁は、それに注釈も加えているのです。

この蘇悉地部を空海は伝えていなかったのです。ですから、天台宗では灌頂を受けると三部を称します。真言宗の方は両部だけですが、天台宗は三部伝燈大阿闍梨となるのです。その大事な『蘇悉地部』を伝えています。天台宗における灌頂は、円仁が伝教大師最澄に次いで叡山で行なっており、そのことも円仁の業績として注目しなければならないと思います。

真言宗の密教は東密といい、天台宗の密教は台密といいます。この台密を完成させ、その基礎を築いた人が円仁で、比叡山にある東塔、つまり東塔総持院は台密にとって大切な建物です。そこで天子本命の祈禱、いわゆる天子の持って生まれた星である本命星を祀ることによって、天子の宝祚延長を祈るのです。円仁はその道場つまり東塔総持院をつくったのです。これはおそらく唐の都長安の宮廷の制を学んできて、それを日本に伝えたのだと思います。

五　円仁と日光山

叡山には、日光にもある常行・法華堂という二つの堂があります。これは円仁が建立したものので、ここで修せられる法華懺法とか例時作法というものは、円仁によって伝えられているのです。もちろんそれを始めたのは天台大師智顗《ちぎ》という中国天台宗の開祖ですが、それを日本に伝えたのが円仁なのです。

その他、日光山の伝承によると、輪王寺の本堂の三仏堂も円仁の創建ということになっています。もともと日光山には三所権現という、二荒山を中心にする山岳信仰があったのです。その山岳信仰の対象になっている男体、女峰、太郎の三山を御神体に仰いでいるのですが、その本地仏として祀られたのが、三仏堂の三体の仏様なのです。阿弥陀と千手観音と馬頭観音との三体をお祀りしています。その当時は本地神宮寺と称しており、三仏堂というのは後世の名称です。

そんなことで、円仁が唐から日本に伝えたものには、今でも日光で正月に修せられている修正会とか、あるいは五月に行なわれる延年の舞、こういうものも円仁のご請来だというふうに伝えられています。それほどに円仁の偉大さが、今もこのような形で残っているのではないかと思われます。

六　揚州から五台山へ

円仁がどんなに苦労をして、入唐中の九年間を過ごしたかということをお話ししていきます。まず、旅行の許可証がなかなか下りなかったのです。これを公験《くげん》（今でいうビザ）と称しますが、それが下りなかったのです。唐に渡ってからそれが下りるまで一年半かかるのです。円仁は先ほどいったとおり、揚州に着きます。揚州に着いても旅行の許可証が下りないものですから動けないのです。

やがて日本に帰る遣唐使の船が出るので、それに乗っていけということで、日本に帰されるはめになるのです。ところが途中、ある場所で船団を抜け出して船から下りるのです。ここから自分なりの中国旅行を続けたいという、暗黙の了解のもとで下りるのです。

海州府の東海県というところで下ります。そこは揚子江と山東半島の中間ぐらいのところです。そのとき岸辺に移り住んでいた新羅人たちに見つかってしまうのです。そこで円仁は自分が持っていた金品を与えて、そして道案内を請うたのです。これはまた盗賊に遭って金品を奪われたという話になって伝わってもいますが、どうも真相は盗賊ではなかったらしいです。

ともかく見知らぬところに下りましたから、そこに住んでいる人をつかまえて、何とか道案内をしてもらおうとしたらしいです。しかし結局、自分の持っているものを全部与えてしまったものですから、身動きがとれなくなってしまいました。それで、道案内を頼んだ新羅人からも見放されてしまい、また船団に戻ります。

船団に戻って、船はまた山東半島の方に向かうのですが、その山東半島の登州というところに赤山浦という港があります。そこからまた遣唐大使の暗黙の了解の下に、船を抜け出すことになります。この赤山浦に法華院というお寺があって、そこのお坊さんたちがかなり援助してくれました。それでこれから先の旅行は、かなり苦労はあったと思うのですが、まあ順調というほどでもないでしょうが、続けられる可能性が出てきたわけです。

山東半島の付け根あたりから五台山を目指して行くのですが、山東半島の付け根あたりに青州というところがあります。そこに来たときにようやく公験が下りたのです。

というのは、これは先ほど申しましたように、円仁は請益僧、つまり短期留学ですから、短期留学者に対して、唐としては、そう簡単には許可は与えられなかっただろうと思うのです。それで大変苦労することになります。

七　法難に遭う

五台山に辿り着き、そこで天台の教学、あるいは悉曇つまり梵語の勉強をします。そして唐の都長安に入ってくるのです。それまでの苦労も大変だったと思いますが、長安に入ってからの苦労が、また並大抵ではなかったということです。円仁のそういった苦労というものがあまりいわれていないので、ご存知ない点もあるかと思います。あるいは円仁にすれば、もしかするとあまり触れられたくない部分だったかもしれません。

そのようなことで、あまり触れられないと思いますが、あの有名な会昌《かいしょう》の廃仏という事件に遭うのです。会昌とは時の唐の年号です。その会昌のときに武宗によって行なわれた、いわゆる仏教弾圧だったのです。中国におけるいわゆる仏教弾圧は、有名な三武一宗《さんぶいっそう》の法難という言葉でいわれています。三武とは、北魏の太武帝、北周の武帝、それから唐の武宗のときです。時の天子の名に武という名前がついていたので、これを三武といいます。一宗というのは後周の世宗を指します。やはり仏教弾圧を行なったのです。これを三武一宗の法難と称していますが、その唐の法難にまともにぶつかってしまいます。

この法難いわゆる廃仏が、どうして行なわれたかというと、唐の王朝の姓は李というのです。中国の王朝には交替があります。この点は日本と違います。新しい王朝を築いた人の姓が、その王朝の姓になるのです。ですから王朝が代わると、姓が変わってしまうのです。唐の王朝は李という姓を持っていました。

なぜ李という姓をここで強調するかというと、有名な老子の姓も李なんです。いわゆる道教の祖といわれる老子が、やはり李という姓を持っているのです。唐の王朝も李という姓、道教の老子も李姓です。ですから唐の王朝は歴代の天子が、道教の信者なのです。とくにこの武宗という人は道教に対する猛烈な信者でした。それが災いして、廃仏が行なわれるのです。

ほかの天子に比べて、この天子がこういうことをどれほど厳しく行なったかというと、それは武宗の性格に関わっているのです。武宗は、その伝記を記した中国の歴史書『旧唐書《くとうじょ》』によると、大変な名君といわれています。英明にして果断だといわれ、外に向かっては、廻鶻《かいこつ》、これはウイグルのことですが、それを倒したとされ、内に向かっては、山西省に拠って反抗していた藩鎮を征伐したのです。このように大変名君の誉れが高かったのです。

ところが、一方では大変な暴君だったという説もあるのです。性急で暴虐だったといわれます。あらゆる書物を焼き捨てるように命じています。おそらく道教以外の書物はみんな焼き捨てるよう命じたのでしょう。残虐をほしいままにしました。そういう暴君でもあったのです。それで廃仏というような激しいことを行なうことになったのだと思うのです。若干それを詳しく述べると、会昌の廃仏が行なわれたのは、年代を追ってみると、会昌二年、つまり会昌という年が始まったその頃から、少しずつ仏教弾圧が始まります。そしてそれから三年後、会昌五年に激しい廃仏が行なわれ、このとき僧尼たちが還俗させられることになります。

八　円仁の旅行記『入唐求法巡礼行記』

会昌二年（八四二）、いわゆる武宗の廃仏が始まるのですが、円仁らは無断で帰国することができなくなってしまいます。こんなところにいてもしようがないと思い、いろいろ帰国のことを考えたのだろうと思いますが、しかし円仁らの無断帰国が禁じられてしまいます。その年の十月、これは円仁らばかりではありませんが、あやしげな僧尼、目的のはっきりしない僧尼は、みな還俗させられてしまいます。

翌三年、還俗した僧尼は三千四百九十一人を数えます。そしてこの年の七月、これは円仁もおそらく大変残念がっただろうと思うのですが、連れて行った弟子の惟暁が亡くなります。弟子二人を連れて行くのですが、その一人を失うことになります。それから九月には、三百余人の僧が殺されます。殺された理由はというと、中国に来ている理由のはっきりしない僧はみんな殺されてしまったのです。無残なことです。

翌四年には、経典類が集められて焼き捨てられます。さらに仏像も集められて、破壊されます。そして七月、先ほどいいました潞府《ろふ》が謀叛をしたので、それを抑えるために政府軍の兵を出すのですが、このとき、これは仏教弾圧とは関係ありませんが、大変無残な事件が起こったのです。円仁がそれを見聞したことを、有名な旅行記である『入唐求法巡礼行記《にっとうぐほうじゅんれいこうき》』の中に書き残しています。

『入唐求法巡礼行記』は、よくご存知かと思いますが、かつて駐日大使としてアメリカから来たライシャワー博士が、世界の三大旅行記の一つといって誉めたたえたものです。『入唐求法巡礼行記』のほかに、玄奘《げんじょう》の『大唐西域記』、それから有名なマルコポーロの『東方見聞録』、この三つが世界の三大旅行記だといって、ライシャワー博士は誉めています。ライシャワー博士はアメリカのハーバード大学の教授でもありました。ライシャワー博士は若いとき日本に来て、曼殊院《まんしゆいん》の御門主であった山口光円先生について勉強なさった方です。円仁の『入唐求法巡礼行記』の研究家で、それを英訳されています。『エンニンズ・ダイアリー（Ennin's Diary）』という名で出版されています。

その『入唐求法巡礼行記』に記されている記事があるのです。あまりにも無残な所行なので、そのところを読むのは躊躇されますが、これは円仁自らの見聞なので、あえてその文章を読ませてもらいます。

九　無残な描写

こういうことが書いてあるのです。

「潞府を討つ政府軍は、敵の境界内に攻め込むことができず、境界前でぐずぐずしている。武帝からしきりに催促されるが、いっこうに戦果が上がらないでいる。矢のような催促に抗しきれず、政府軍は、自軍の境界内にいる牛つかいや農民を捉えて、これを謀叛人と称して都へ送った。都では、送られてきたこれらの人々―実は無辜《むこ》の民―を、無残にも斬り殺してしまった。このようにしてつぎつぎと送られてくる人々が、無残にも殺されてしまった。」

このように戦いでの無残さを描写した後、都長安の街の様子を冷静な目で書き続けているのです。次に原文の訳文（足立喜六訳注・塩入良道補注『入唐求法巡礼行記』東洋文庫、平凡社）を示しましょう。

　尋常（戦場でない）の街裏《まちなか》に斬らるる尸骸《しがい》は路に満ち、血は流れ土を湿《うるお》して泥と為《な》る。看《み》る人は道路に満つ。天子は時々看来し、旗や槍《やり》は交横して遼（＝瞭）乱たり。見《げん》に説く（聞くところでは）、送られて来たるものは是《これ》唐の叛人ならず。但是《ただこれ》界首の牧牛・耕種の百姓、枉《ま》げて捉われ（罪なく刑を破る）来たるなり。国家の兵馬は元来《もとより》他の界（敵境）に入らず。王が事（軍事行動）無きを怍《あやし》むを恐れ、妄《みだ》りに無罪の人を捉え送って京に入るなりと。両軍の健児（募兵）は人を斬る毎に、了《おわ》れば其の眼や肉を割《さ》いて喫《くら》う。諸坊（坊街＝市街中）の人は皆云う、今年、長安の人は人を喫うと。

この文の末に、長安の街中の人は皆いう、「今年長安の人は人をくらう」と。円仁の記録にはこういうふうに残っているのです。これをみてもその当時の無残さがわかるかと思います。これは別に廃仏に関係した記事ではありませんが、当時の姿を彷彿させる一つの事件としてこういうことが行なわれた。だから、廃仏の方もかなり厳しかったことがわかるのではないかと思います。

十　仏法は日本へ

そんなことがあった翌五年、この年が一番廃仏が激しくなりますが、三月にすべての僧尼は還俗すべしという命令が出るのです。そしてその年の五月、円仁も還俗させられてしまいます。還俗させられたから帰国してもよかろうということで帰国の準備をするのですが、なかなかそれも許されませんでした。

やがて六月に帰国が許されて帰ってくることになりますが、その帰国のとき円仁の後援者、理解者の一人に鄭州の長史、辛文昱という人がおりまして、帰る円仁に対してこういう言葉を贈っています。「この国の仏法はすでに無きなり」、いわゆる唐の国の仏法はもう滅んだと。「仏法東流すとは」仏法が東の方、日本に流伝することは、「古より云う所なり。願わくば和上、努力して早く本国（日本）に伝え、仏法を弘伝したまえ」と告げています。

この言葉は、円仁の別の伝記などによると、別の人の言葉になっています。それは李元佐という人です。この人は唐の将軍であり、また大学頭でもあり、朝廷儀礼長官を兼ねた大変な高官ですが、その人の言葉になっています。つまり「わが国の仏法はすでに滅尽す。仏法は和尚に随って、東に去らん」といい、円仁と共に仏法は日本に渡ってしまうだろうといっています。これはかなり真実を伝えている言葉ではないかと思っています。

そのほか、円仁を支援してくれた唐の高官の中には、時の司法長官だった楊敬之とか、あるいは今の制度でいうと総務庁次官ぐらいに相当する楊魯士とか、そういう人たちが円仁の帰国に際して、援助を与えてくれた人であるといわれています。

そういうことで、かなりの苦労を重ねた円仁一行が何とか廃仏を逃れて長安の都を出るのですが、その翌年の四月に武宗は亡くなったために会昌の廃仏は終わり、次の天子が仏教復興の詔を出します。還俗した円仁はまた剃髪されて、再び僧衣を身にまとうことができました。

十一　太宰府での半年

大変な苦労をなさった円仁ですが、帰国後、この会昌の廃仏のことは、『入唐求法巡礼行記』以外には、私の知る範囲ではどこにも記録されていないのです。一体それはなぜなのでしょうか。円仁は日本に帰ってきてから、九州にいて、すぐには都に上がりません。叡山にも帰らなかったのです。そして、約半年を太宰府で過ごしています。これは無事帰国できたことに感謝を込めて、諸仏諸神に報謝されていた、ということもあったろうと思います。

また持ち帰った経典類の整理もあったろうと思います。しかし、この経典類の整理は約三カ月ぐらいですんでおります。おそらくその間に、会昌の廃仏の忌まわしい思い出、そのほとぼりの冷めるのを待っていたのでしょう。一般的には、国家鎮護の天子本命の道場の設立を何とか実現しようと心に誓っていた、そういう時期だったというのが普通の考え方ですが、それもまた大きな理由だったと思います。

しかしもう一つ、これは私の考えですが、おそらく弟子の惟暁を亡くしたということ、そして共に帰国できなかった弟子に対する無念、それが円仁の心の中でかなり大きな悲しみとして残っていたのであろうと思われます。それを何とか心の中で整理しようとした。その期間が、やはり半年を必要としたのではないかと思っております。

ともかく円仁の旅は平穏な旅ではなかった。今の言葉でいうならば、ビザなしの旅行を一年半も続けるというような、並大抵の苦労の旅ではなかった。それにもかかわらずその後、五台山、長安という大変な苦労の旅を重ねて、そして立派な業績を残していることに、われわれはやはり心から敬服せざるを得ません。

山王神道の教えと救済

一　山王の祭り

まず第一に山王神道というと、何か堅苦しく聞こえるかも知れませんが、皆さんにとって身近な例でいうと山王さんのお祭りで、東京育ちの方々は誰でも知っていると思います。つまり赤坂の日枝《ひえ》神社（山王権現）で行なわれる山王さんのお祭りです。最近、日枝神社に立派な山王鳥居ができました。ご覧になった方もいらっしゃると思います。溜池から赤坂見附に向かう通りに、鳥居の上に山形のものが上にのっている、特殊な形の山王鳥居です。その原型は、比叡山の麓にある日吉《ひえ》大社にあります。そこの鳥居がこういう形をしています。山王権現、今の日枝神社は、江戸の守り神として祀られているのですが、そのお祭りがあるわけです。たぶん六月八日だと思います。神幸祭というお祭りがあります。これは毎年ではありません。一年おきに行ないます。

ちなみに、五月十五日は、神田明神のお祭りです。江戸には二つの天下祭りがあって、山王のお祭りと神田明神のお祭りが、二大天下祭りといわれているのです。ここで赤坂の日枝神社の歴史をお話しすると、徳川家康が江戸城を築いたときに、江戸の守り神として山王さんをお招きしたわけです。つまり勧請《かんじょう》しているのです。もともと川越にあった山王さんを江戸にお招きしたのですが、最初は江戸城内にお祀りしてありました。それを今の国立劇場がある隼町にお祀りしたのです。しかしそれが焼けたので、現在の赤坂に移ってきたのです。つまり現在の日枝神社です。年配の方はあるいはご存知かもしれませんが、日枝神社のわきに星が丘茶寮がありました。なかなか格式のある料亭でした。陶磁器に関心のある方は、北大路魯山人の料亭ということで懐しいと思います。

そんなことで、江戸の二大天下祭りといわれたその一つが、山王さんに関係しているのです。三社祭りは天下祭りの中に入っていないのです。もう一つ加わったのは根津神社です。根津のお祭りを加えて、江戸の三大天下祭りといわれています。そんなことで、われわれに非常に親しみ深い神様なのです。ここでは日本の神社が担ってきた神道、あるいは神道思想、そして神道という宗教がどういうふうにしてできてきたかということを、順を追ってお話ししていきたいと思います。

二　日本の神道の流れ

さて第二に、日本の神道についてみてみましょう。今、神社で行なわれている神道というのは、日本に昔からあった神道ではないのです。このことは、はっきりと区別して覚えていただきたいことです。そういうと、あるいは誤解するかもしれませんが、今の神社の神道は、江戸時代に本居宣長だとか平田篤胤などによって説かれた国学の考え方、つまり復古主義による復古神道なのです。それが今の神社神道の流れになっているのです。

それでは、昔の日本の神道の流れはどうであったかというと、それが、これからのお話です。結論を先にいうと、明治維新のときに神仏分離が行なわれます。そのときに、日本の民族的な中世からの神道があったのですが、それが廃止されてしまいます。その理由は、中世からの神道の中には仏教の要素も入っているし、それから陰陽道《おんみようどう》も入っています。陰陽道とは、中国の陰陽思想から発生して、日本独特の発展を遂げた思想です。予言とか占いをするのが中心です。このように、外来の思想・宗教が混じっているものですから、明治維新のときに、そういう神道は日本本来の神道ではない、と排除されてしまったのです。日本の民族的な神道といってもよい中世からの神道が、残念ながら消えてしまったのです。そこで、一体どのようにしてこのような中世の神道が生まれてきたかということになるわけですが、これは山王神道にかかわらず、日本の神道全体をみてみないと、その神道の位置づけがわからないと思います。

古く、『古事記』とか『日本書紀』などに出てくる神様、そしてそれを祀った神社等がありますが、そういう神を信仰する日本の信仰形態は、いわゆる宗教というよりも、素朴な信仰と捉えた方がよいと思います。それはつまり神祇信仰という信仰なのです。その神祇信仰の時代は、奈良朝・平安朝まで続いてきている、と私は考えています。よく、古い神祇信仰のことを、古神道という言い方がありますが、古神道というのは、必ずしもよいいい方ではないような気がします。むしろいうならば、神祇信仰の時代、というふうにいったほうがよいのではないかと思います。

そのような神祇信仰の時代があって、やがて日本仏教の中に、とくに天台宗と真言宗ですが、その中にいわゆる仏家神道、神道を仏教側で理論化した神道説というのが生まれてきます。これは、つまり神仏習合の考えです。それは日本の神を、どう仏教側で受け止めているかということです。その理論化されたのが仏家神道です。天台の方では、山王神道がそれに当たります。

真言宗の方は両部神道といいます。両部というのは、真言密教の胎蔵部・金剛部の二つのことです。天台の方は、山王権現が中心ですから山王神道と称しているのです。これらが平安末から中世の初めにかけて生まれてきたのです。それに刺激されて、日本の神道説もだんだん理論化されてきたわけです。その理論を大成したのが、室町時代の吉田兼倶《かねとも》です。京都大学のそばに吉田神社があります。吉田神道の本家の神社です。その基礎を築いたのが吉田兼倶です。

兼倶によって作られた『唯一神道名法要集《ゆいいっしんとうみょうぼうようしゅう》』という本があります。この本が、日本における最初の神道理論書です。この書名に唯一という語が出てくるので、吉田神道のまたの名を唯一神道と称しています。

この吉田兼倶の『唯一神道名法要集』をみてみますと、その内容は、日本の神道のことが、もちろん中心に書いてありますが、それを裏づける理論として、密教の思想が入ってきたり、あるいは道教の教えが入ってきたりしているのです。純粋な日本の神道理論だけでなくて、仏教や道教の理論も取り入れることで作られたのが、いわゆる吉田神道、即ち唯一神道の理論なのです。しかし、先ほど触れたように、明治維新になってこの神道の流れは廃止されてしまいました。いわゆる国学神道の立場からするならば、国学神道は復古主義ですから、日本の純粋なものだけを取り入れて、外から入ってきたものはみんな排除しようとするのです。いわゆる惟神《かんながら》の道だからです。

三　山王神道の成り立ち

第三に山王神道の教えについてみてみましょう。山王神道の教えはどこに教義の立つ理論的な根拠があるかというと、いうまでもなく、天台系の神道ですから、天台宗の教義である『法華経』が中心になって、神道の理論構成がなされているわけです。仏様でいうならば、お釈迦様中心であるということです。

さて比叡山の麓、坂本にある日吉大社の中心となる神様は、山王三聖といって、大宮権現を中心に、二宮権現と聖真子《しょうしんじ》権現の三柱の神様を祀っています。三聖の神様について、それぞれの本地の仏様が重要になります。日本の神様を、仏教の方で理論づけをするときに、この神様は本《もと》はこういう仏様で、その仏様が日本に来て、神様となって現われたのだとする考え方です。本地垂迹説といいます。日本の神様は、いずれも本になる仏様があるのです。山王三聖の中心の大宮は、その本はお釈迦様なのです。お釈迦様が本地仏です。これでよりはっきりと、『法華経』の教えを本に作られた神道説だということがおわかりになると思います。

ところで、比叡山にはもともと地主権現、つまり地主《じぬし》の神がいたのです。それはいわゆる二宮権現のことで、大山咋神《おおやまくいのかみ》という神なのです。この土地の神のがんばっているところに、大宮権現、つまり大和奈良の大三輪《おおみわ》明神が入り込んでくるのです。勧請されて、祀られるのです。そして地主権現の地位を奪ってしまいました。これはなぜかというと、もともと大三輪明神は、大三輪山の近辺、つまり崇神天皇の王朝のあった土地の神で、即ち王朝の守り神だったのです。ということは、日本の皇室の守り神なのです。その皇室の守り神を天智天皇が近江に都を遷したときに、一緒に勧請したのです。それが坂本の大宮権現になるのです。やはり、天智天皇の都の近江京を守る神として叡麓に大三輪明神をお招きしたわけです。大宮権現は皇室の守り神ですから、地主権現、つまり二宮権現より上位になってしまいました。

そして、それぞれの本地仏はというと、大宮の場合はお釈迦様で、二宮の場合はお薬師様です。御子神聖真子の場合は阿弥陀様です。叡山には三つの地域、東塔と西塔と横川《よかわ》とがあります。これを三塔といい、その地域にそれぞれ中心となる仏様が配されるのです。東塔のお薬師様をお祀りしてあるのが根本中堂です。西塔は釈迦堂があります。横川は恵心僧都源信が、叡山浄土教を盛んに弘めた場所ですから、弥陀信仰の場所です。叡山浄土教の発祥というと、それは実は慈覚大師円仁ですが、円仁によって将来されたこの浄土思想が、恵心僧都源信によって盛んになったのです。この影響下に、浄土宗とか浄土真宗の法然や親鸞が叡山から輩出するのです。この恵心僧都源信は、『源氏物語』の中に、「横川僧都」といわれて登場しています。

四　山王一実神道とは

叡山を背景にして、いわゆる山王三聖を中心に祀った日吉社の神道、これが山王神道です。この流れを汲む神道が、山王一実《いちじつ》神道で、これは江戸時代になって、慈眼大師天海によって創唱された神道説です。一実というのは、「法華一実の教え」といって、『法華経』中心の神道だということを強調しているのですが、この神道は、やはり天台の『法華経』の流れを汲んでいて、主たる目的は徳川家康を東照権現として日光に祀るための神道説です。日本で歴史的人物が神として祀られる例としては、古くは菅原道真です。道真の怨霊を鎮めるために、神として祀ったという古い例があります。しかし近世になり、人を神として祀ったこのような例に、秀吉が挙げられます。秀吉は、吉田神道によって神として祀られたわけです。現在でも、京都東山の阿弥陀峰にお墓があります。その麓に豊国神社が建てられて、豊国大明神として祀られたわけです。

　徳川家康は東照大権現として祀られます。神号が明神号でなく、権現号になりますが、それは大明神として祀ることに天海が反対を唱えたのです。つまり大明神として祀った秀吉の末路はどうなったか。そして豊臣家の末路はどうなったか。明神号をつければ、同じ運命を徳川家も辿るであろう。だから、明神ではない、権現号をと主張するのです。そこで東照大権現という権現号になるわけです。権現の権というのは仮という意味です。現は、現われる。だから、仏が仮に神の姿になって現われたのが権現です。江戸時代、権現といえば、それは家康公を指すことになります。そういうわけで、家康公を慈眼大師天海は山王一実神道によって東照大権現として祀ったのです。それが現在の東照宮です。

　その山王一実神道の教えも、もちろん天台の教えが中心になっています。その祀り方は、東照大権現を中心にして、山王権現と摩多羅神《またらじん》が脇侍として祀ってあります。これが本来の姿です。今は家康公を中心に頼朝と秀吉とを祀っていると説明されています。

　ここで本地仏を考えてみますと、東照大権現は本地がお薬師様なのです。お薬師様は正しくは東方薬師瑠璃光如来といわれます。東の方にお薬師様はいらっしゃるのです。仏様はそれぞれ浄土を持っています。阿弥陀様の浄土は西方極楽浄土です。観音様は、南海の島の上に浄土を持っています。お薬師様は、東方にあって東に照り輝ける仏様だから、東照という名前が出てくるのです。東照宮の東照はここから出ているのです。

それから、摩多羅神はよくわからない神様で、インドから来たとか、中国から来たとかいろいろいわれて、いまだにわからないんです。摩多羅神は、常行堂というお堂に祀られています。このお堂は、常行三昧という修行の道場なのです。常行堂の本尊は阿弥陀様で、その阿弥陀様を信ずる者を守護するのが、この摩多羅神だといわれています。ですから、阿弥陀様と関係があるわけです。

このようにして日光の東照宮が生まれたわけで、これが山王一実神道の教義によってつくられた東照宮の神道理論といえるかと思います。この神道をつくり出した慈眼大師天海大僧正は、一体何を目的にしたかといいますと、それは天台の教義と山王の神々によってもたらされる徳川幕府の永遠の存続と、それから将軍家の子孫繁栄とです。だから、子々孫々まで徳川家が栄えてくれること、そして徳川幕府が永遠に安泰であれということを願っているのです。それが山王一実神道の目的なのです。非常に現実的です。家康公を東照大権現として祀ったその神道の目的はというと、世俗的な徳川家の安泰を願っているということです。

また、日光には三代将軍家光公を祀った大猷院《たいゆういん》があります。この大猷院廟は神社ではありません。仏様を祀った霊廟ですから、われわれ輪王寺の所属になっています。家光公のご本地仏は何かというと、それはお釈迦様なのです。そこで日光山の本地仏の構成をみてみますと、家康公が薬師様で、家光公がお釈迦様です。阿弥陀様は、日光の場合は、龍尾権現とか、それから今出てきました摩多羅神です。日光山の本地仏の構成は、比叡山の三塔の仏様と同じです。それも天海の考えによるものではないかと思います。

五　神のご利益

次に第四に、日本の神様のご利益《りやく》についてみてみましょう。われわれは、神様に何もかもお願いしてしまっております。そして神様のほうは、何厭うことなく、その願いを聞いてくださっているわけです。だから、これは山王の神であるからとか、どこの神であるからとか、そういう区別はありません。たまたまその人にとって、ご利益のあらたかな神であったのです。それが日本古来の神である場合もあるでしょう。それからまた、外国から入ってきた神であることもあると思います。疫病が流行れば、その疫病を防ぐために神に祈る。その拝む神様がどういう神様かわかっていない。知らない場合も多いだろうと思います。一体ここに何が祀ってあるんだかわからない。ともかく拝もう、そして、そこからご利益を得よう。ご利益を得ることは、われわれにとって、救済になるだろうと思うのです。

そしてその神が、病気を治してくださいということで祈る場合、京都の祇園さん、つまり八坂神社は、ぴったりの神様なのです。というのは、あそこに祀ってある神様は、牛頭天王《ごずてんのう》といって、外国から入ってきた神様です。外国から入ってきて、一体どういう効き目がある神様かというと、梅檀の一種に牛頭梅檀というのがあります。この梅檀というのは昔の薬です。梅檀という薬の一種に、牛頭梅檀があります。だから、牛頭天王という神を祀ることは、牛頭梅檀を祀るか、あるいは牛頭梅檀で作った仏様か、あるいは神像か、それを祀ってあったのだろうと思うのです。だから病を治すという効果があったのだろうと思うのです。

七月の十六日に、山車《だし》が出る祇園祭りがあります。一説によると、全部で山車が六十六あったといわれています。六十六というのは日本全国、その当時の国が六十六か国です。だから、一つの国から一つの山車を出したというのです。それは、疫病が流行って、その疫病を防ぐために、それぞれの国が一つずつ山車を出して祇園さんにお願いしたというのです。これは俗説で、どこまで信用していいかわかりませんが、しかし祇園さんはそういった意味では、病気を治してくれる神様なのです。だから、祇園さんに病気を治してくれといっても、決しておかしくないということになります。

六　山王のご利益

第五に、山王の神様は和光同塵の神様といわれています。その「和光同塵の神」とは、どういうことかというと、和光同塵という言葉は、中国の古典の『老子』出てくる言葉でして、光を和らげて塵に同じうするということで、聖人が聖人としての存在をかくして、そして一般民衆の中に溶け込んでいるということです。一般の中に溶け込むということは、そこで一般の人を教化する、教え導くということになるわけです。やはり、山王神道の場合も、山王の神様が、その光を和らげて、衆生の中に入って衆生を救う、つまり和光同塵の神だといいます。これは山王神道の理論書の一つですが、『耀天記』という書物に、お釈迦様が日本に、光を和らげて神と現じ、衆生を利益したいと記されています。「神と現じ」というのは、山王の神と現われて、衆生を救ってあげたい、というのです。つまり、我（お釈迦様）滅度の後（死んだ後に）、末法の中において（末法の世の中において）、大明神と現じ（神と現われて）、広く衆生を度せんと（広く衆生を救ってあげたい）、といっています。

次の第六にまいります。これはご利益の例だろうと思いますが、実は『日吉山王利生記《りしょうき》』という書物がありまして、そこに利益譚がのっているのです。観音様でいえば、その霊験譚はたくさんあります。観音様によって救われたという話がたくさんあります。それが同じように、この書物は日吉山王の神様によって救われたという話がのっているのです。

その中の一つだけ紹介しておきます。それは、忠尋《ちゅうじん》の話なのです。この忠尋という人は、天台座主になったたいへん偉い坊さんだったのですが、この人の若いときの話です。この忠尋という人は、土佐の守《かみ》源忠季の子として生まれています。だから、出自はいいのです。出家して、学徳兼備の立派な坊さんになり、たいへん人望の厚かった人なのですが、この人の若いときのことです、二十五歳のときに病のために一時、息絶えたことがあったのです。ところが、翌朝になって、息を吹き返しました。生き返ったときに、夢の中の、自分が一時意識がなかったときの話をしだしたのです。

どういう話かというと、鬼が二人来て、閻魔宮に連れて行かれたというのです。そして、訴え人の申し状によると、ここになぜ連れて来られたかということを述べたのです。こうこうこういうわけで、お前はここに来たんだぞということをいったのですが、その閻魔様のいる閻魔庁の庭には、訴え人と思しき紺の上着を着て白い袴をはいた者数百人が群れ集まっていたのです。そこで、閻魔様が告げていうには、この訴え人たちは、お前が十三歳のときに、備前の国にいたときに捕えられた魚たちだと。直接お前が捕ったわけではないけれども、漁師たちに捕えられて、そして持ち来たったものを、お前は食べたというのです。だからお前は訴えられているのだと。そうこうしているうちに、白い衣を着たお坊さんが現われて、われは横川の恵心僧都の使いの者だといって、申し文、つまり忠尋を助けるための願文を、閻魔様に託したのです。次に、黄色い衣を着た宮司《みやじ》が現われて、われは日吉《ひえ》大明神の使いの者だと。そしてやはり申し文を閻魔様に渡したのです。最後に根本中堂の薬師如来の使いの者だといって、やはり申し文を渡した。その申し文を一つひとつ閻魔様はみまして、それで告げていうのには、忠尋は、やがて天台座主になるべき人なのだ。そして仏法を興隆するために必要な坊さんなのだ。だから急ぎ娑婆に帰すべしと、こういったのです。

そこで忠尋は助かったということなのですが、忠尋は意識がなかったときに、自分の座主になるという予言を閻魔様からいわれてしまったのです。そんなことは誰も予測できないわけです。しかし閻魔様から、お前は将来、座主になるんだぞと命ぜられてしまったのです。そして実際なったわけですが、この中に日吉大明神の使いの者が、申し文を持って来て、日吉大明神の加護のあったことを証明してくれて、ですから生き返ることができたのですが、これは日吉神だけでなくて、根本中堂のお薬師様の使いでもあったわけでしょう。ともかくそういったことで、神の力によって助けられた、という話です。

七　神仏の救済

第七の結びに入ります。日本の神様も、やはり宗教であるからには、仏教とかあるいはキリスト教、そういうものと同じように、そう変わるべきものではないと思います。

仏教の場合、いろんな仏様がおりますが、たとえば病気を治してくれる仏様は古くから、薬師如来です。病気治癒のためには、お薬師様を信ずるのは当然だと思います。それから、観音様は、三十三の姿へ身を変えてわれわれを救ってくれるわけです。観音様の中には救世観世音という世を救う観音様がいて、われわれの世の中を救ってくれます。観音様の現世利益です。

われわれが生きている間にご利益を受けるという現世利益と、また将来に向かってわれわれを救ってくれるという、両方を兼ね備えているわけです。

お地蔵さんの場合もそうです。お地蔵さんもいろんな救い方があると思いますが、お地蔵さんが身代わりになったという話はたくさんあります。つまり身代わり地蔵です。われわれの命を延ばしてくれるというので、延命地蔵の信仰もあります。

また、別なジャンルから考えますと、大師信仰があります。大師といえば弘法大師になってしまいますが、天台宗でいえば伝教大師とか、慈眼大師天海への信仰もあります。天台宗の方では、慈恵・慈眼両大師をよく祀るのです。慈恵大師は良源です。良源は、角《つの》大師といって悪魔を降してくれる、非常に恐ろしい姿をしています。両大師信仰が、天台宗の場合には非常に強いのです。

神様の場合も同様です。これは先ほどもいったように、祇園の神は病気を治してくれる神様として祀られています。それから稲荷は、これは農業の神様です。名からしてすぐわかると思いますし、また図像では稲を背負っていますから、農業の神様です。農作物の豊穣を願っての神様になるわけです。神様の中で、社の数が一番多いのが稲荷なのです。屋敷の中にお祀りしてある稲荷まで数に入れると、これは大変な数になってしまうのでしょうけれども、普通に数えられる社だけでも三万余あるといわれています。大変な数です。稲荷は農業の神様だけでなく、商売繁盛であるとか、それから芸能関係の方も割と稲荷の信仰があります。そして、天神様です。これはもう学問の神様として、入学試験合格祈願とか、そういうときには天神様です。湯島天神とかにお参りするわけです。

それから伊勢神宮があります。伊勢は実は特別な場所でして、皇室の祖先神天照大神を祀っていますから、したがって、昔は天皇しかお参りできなかったのです。それも、だいたい鎌倉期ぐらいから崩れてきますが、昔は私幣禁断といって、私的に伊勢神宮にお参りすることは絶対いかんということで、禁じられていました。天皇のみが参拝をする場所だからということなのです。それがだんだん崩れてきて、全国からお参りに来るようになります。これを盛んにしたのは、御師《おし》という、今でいえば旅行斡旋業者みたいなものの力です。御師は、信者が泊まれる宿泊設備を持っていて、そこに全国から信者を集めて泊めてお参りさせたわけです。この御師の活躍で伊勢はだいぶ民衆化され、江戸末期に、お蔭参りというたいへんなブームが起こり、伊勢参りが熱狂的に盛んになりました。

もう一つ付けたしておきますと、八幡様の信仰があります。八幡様は、武家の神様として信仰されています。八幡信仰というのはもともとは九州の宇佐八幡がはじまりです。宇佐から京都のそばの石清水《いわしみず》に勧請され、関東では鎌倉の鶴岡八幡として祀られていますが、石清水は京都を守るため、鎌倉は鎌倉幕府を守るためです。奈良の大仏を造るときに、日本全土の神様も総力を挙げて応援をしようということで、八幡様が大活躍します。大仏建立には非常に力をかしたのです。日本の政治面で力を尽くしたということで、第二の宗廟といわれるようになりました。伊勢に次ぐ日本で二番目の皇室を守る神様だということで、第二の宗廟といわれます。第一の宗廟というのは、これはいうまでもなく伊勢のことです。

ともかく神も仏も、われわれの願い事を叶えてくれるというご利益があって、それによってわれわれは救われるのです。

III　日光山の歴史と宗教

日光山の歴史と山岳信仰

一　古代の日光

日光山は、奈良朝の天平神護二年（七六六）に、勝道《しょうどう》上人によって開山された。爾来一二三〇年余に及ぶ古い歴史をもっている。今は、その全体に亘っての歴史を述べることはできないが、中世までの日光山の歴史を辿ってみたい。

ところで勝道上人による開山以前の日光山は、古代の人々による古代祭祀が行なわれていた形跡も窺われるのであって、それは男体山《なんたいさん》や女峰山《にょほうさん》などいくつかの山頂遺跡によって知ることができる。仏教僧徒による開山は、勝道上人によると考えて大過はなさそうである。

日光市内の所野からは、縄文前期・中期・後期・晩期（BC五～二千年頃）、そして弥生時代の土器が出土し、また同市山久保の山の神戸遺跡には竪穴式住居址があり、そこからはさらに古い縄文早期の土器が出土していることから考えると、日光市内には原始時代に縄文人が住んでいたことが確認できる。

しかし歴史時代遺跡は、古代から近世に亘る時代のもので、その中でも男体山頂遺跡から発見された七世紀時代のものが古い。山頂遺跡は、日光連山の数ある山々の中でも、北側東部に連なる男体山・女峰山・太郎山・大真名子《おおまなご》山・小真名子《こまなご》山の五山の山頂に限られている。

男体山頂遺跡出土遺物は六千点以上にも及び、陶磁器・土器・武器・鏡鑑・密教法具・錫杖頭・仏像・御正躰《みしょうたい》・禅頂札《ぜんじょうふだ》等で、これらのうちでも陶磁器や土器がその過半数を占めている。出土品の中でも、特徴的なものは奈良古印といわれる銅製の鋳造品で、十一顆あるが、「東尼寺印」の一顆が公印とされるものである。鏡鑑は、百七十面を越え、漢式鏡・唐式鏡・和鏡に分けられるが、和鏡が大部分を占める。時代的には、古墳時代から鎌倉初期までのものである。

とくに特異な出土品に、忿怒型三鈷杵《さんこしょう》がある。これは三鈷の部分が鏃形になった密教法具で、わが国でも正倉院・恵日寺・弥山山頂と共に四例しか残っていない。残念ながら欠落があるが、全体の形状は残存部分を参考すれば、復元が可能である。また珍しい出土品に鉄鐸がある。百三十一点の発見で、諏訪神社に伝世品が残されており、他に一、二の出土品がある。銅鐸との関連も指摘されているが、この鉄鐸は銅鐸と比較されるほど古い時代のものではない。

女峰山頂遺跡出土遺物は、銅製の金鋺と奉納用の小刀・剣・古銭等で、これらの品は奉納されたものであろう。とくに発掘調査されたものではなく、自然に発見されたものである。

太郎山頂でもとくに発掘調査は行なわれていない。山頂遺跡出土遺物には、鏡鑑・経筒・

刀・刀子・古銭・仏像・土器等があるが、鏡鑑は一面で、経筒蓋と共にあったので、経塚遺物の一つで、平安末から鎌倉初期の作製と思われる。仏像は小さく、御正躰からの剝落と考えられる。この仏像と共に発見された銅釘・鉄釘、飾金具等は小祠の遺物と思われ、共に近世のものと思われる。

大真名子山頂遺跡からの出土遺物はとくに少ない。時代は近世のものと思われる小祠の釘や金具のほか、禅頂札らしい銅板片、陶器片がみられるだけである。小真名子山頂遺跡からの出土遺物も極めて少なく、わずかに小型壺や大型甕の破片で、時代も不明であるが、中世のものであろう。

これらの山頂遺跡出土遺物からわかることは、男体山の山頂遺物は主として奉納したものが多く、女峰山・太郎山等の山頂遺物に共通していえることは、一つは山頂小祠の建造物の金具類であり、二つに報賽品や埋納品であることである。そして、遺跡のある山頂には、共通して巨石や岩場がみられるのである。巨石と関係する祭祀遺跡あるいは巨岩に関する山岳信仰とも関連することになり、山岳信仰や仏教を通して、これらの山頂遺跡の出土遺物を検討する必要があろう。

二　勝道上人の日光開山

歴史上の日光山が始まるのは、奈良時代の天平神護二年（七六六）、勝道上人が今の輪王寺の発祥である四本龍寺を山麓に創建したときからである。その頃、奈良の都では、称徳女帝のもとで道鏡が権勢を擅《ほしいまま》にしていた。

天平神護二年を開山の年時とするのは、『補陀洛山建立修行日記』によるが、それは弘法大師空海の撰になる「沙門勝道、歴山水瑩玄珠碑并序」（『性霊集』巻二）によっても証拠づけられる。即ち、碑文によれば、勝道は神護景雲元年（七六七）四月に、二荒山《ふたらさん》の登頂を試みていることが知られるが、その前年にはすでに山麓に来たり、寺を建てていると考えられるのであって、同時に登攀の準備をしていることが窺われるのである。

開山勝道上人は下野国（栃木県）芳賀郡の人。下野薬師寺で剃髪受戒、天平神護元年（七六五）上人三十一歳のとき、弟子の道珍・教旻《きようびん》と共に日光に向かった。日光山麓の激流大谷川の淵に辿り着いた一行は川を渡るに難渋していたが、南岸の丘上で明星天子に祈って、深沙王の奇瑞を受け、蛇の架けた橋によって、対岸に達するをえたと伝える。つまり、「山菅《やますげ》の蛇橋《じやばし》」（神橋）の伝説を生んでいる。神橋と大谷の両岸に残る星宮社（磐裂社）と深沙王堂とが、この伝説を今に伝えている。この奇瑞伝説は、玄奘三蔵が天竺へ渡る途中の流砂の地で苦労したとき、それを救った深沙王の伝説に基づいて、「山菅の蛇橋」伝説は生まれている。大谷の北岸に渡ることができた上人は、そこに草庵を結び、やがてその東に四本龍寺を建立している。これが、今の輪王寺の開創である。今を去る一二三〇余年前のことである。

四本龍寺を創建した勝道上人は、幾度か二荒山（男体山）への登攀を試み、ついに天応二年（七八二）三月、山頂を極めるに至った。上人のこの大業については、先に述べた「沙門勝道、歴山水瑩玄珠碑并序」に詳しい。この碑文は、日光開創についての最古の記録である一方、さらに登山の記録としてもほかに類例がなく、わが国最古の価値をもつ登頂の記録である。即ち、山岳登頂の記録の嚆矢《こうし》として高く評価されている。登山を終えた上人は、中禅寺湖の南岸の地に小庵を結んでいるが、その地は今の中禅寺立木観音の堂塔が建ち並ぶところと思われる。現在の歌ヶ浜の地である。

その二年後、延暦三年（七八四）、上人は再び中禅寺湖畔に来たり、千手観世音菩薩のために、北岸に伽藍を建てている。即ち、二荒山権現の本地を祀る神宮寺であり、いわゆる中禅寺の発祥である。二荒山の名は、観音の浄土を表わす補陀洛（梵語、Potalaka）からきていることから、二荒山を中心とする中禅寺湖一帯は観音の浄土とみられていたのである。二荒山権現の本地を千手観世音菩薩に比定して、千手観世音菩薩を祀る神宮寺が創建されることになったのも、そこに由縁がある。本尊千手観世音菩薩像は一丈八尺（五・四米）で、自然の立木のまま手刻した尊像であることから、「立木《たちき》観音」の名で親しまれている。

さらに二荒山権現を祀る社殿を建立しているが、これが今の二荒山神社中宮祠である。中禅寺湖北岸にあった立木観音堂は、明治三十五年（一九〇二）の大暴風雨のため、山崩れに遭い崩壊したために、大正二年（一九一三）に、現在の地つまり現在の中禅寺立木観音堂の地に移建された。しかも、幸いに立木観音堂の尊像は損壊を免れたため、移建された観音堂に遷し祀られている。

上人は、弘仁八年（八一七）に入寂した。世寿八十三。遺命にしたがって、草庵に近い仏岩山の東麓の離怖畏処《りふいしょ》、今の開山堂の地や、中禅寺湖上の上野《こうずけ》島等に分葬された。上人は、晩年の弘仁七年（八一六）に、男体山の山頂に二荒山三所権現を勧請した。つまり後にふれることになる日光三所権現の起源である。

三　空海・円仁の来山説

弘仁十一年（八二〇）に、弘法大師空海の来山を伝えている。空海は東国教化の途次、日光に至り、瀧尾の地に寺を建立し、瀧尾《たきのお》大権現（女体中宮）を勧請している。また、空海は、「二荒山」の字を改めて「日光山」にしたといわれ、日光の名はここに始まるとされている。空海の日光登山については、『日光山瀧尾建立草創日記』に記されているが、この日記の成立は鎌倉期と思われるので、空海来山の史実については疑わしいものがある。

嘉祥元年（八四八）に、天台座主に任じた慈覚大師円仁の来山を伝える。円仁は下野国の生まれで、比叡山に登って、日本天台の祖伝教大師最澄の弟子になった。円仁の来山については、『円仁和尚入当山記』によると、日光に来た円仁は、中禅寺に登り、神宮寺に参籠し、中禅寺湖の南岸の八丁出島《はっちょうで》に薬師寺を創建して、薬師如来の尊像を安置している。そののち円仁は山を下りて、瀧尾権現の傍らに山王権現を勧請したり、また日光三所大権現の本地仏である阿弥陀如来・千手観世音菩薩・馬頭観世音菩薩の三尊像を祀っている。つまり、日光三所大権現の本地神宮寺の発祥で、今の日光山の大本堂である三仏堂の起源である。また常行・法華の二堂を創建したり、修正会《しゅしょうえ》・引声念仏《いんぜいねんぶつ》などの法儀や秘舞「延年舞」を伝えたとされている。

ところで、この日光三所大権現信仰は、男体山・女峰山・太郎山の山々を御神体とみるもので、神名とその本地仏とは、やがて次のような組織になった。

男体山—大己貴命《おおなむちのみこと》—二荒山権現—新宮—千手観世音菩薩
女峰山—田心姫命《たごりひめのみこと》—瀧尾権現—瀧尾—阿弥陀如来
太郎山—味耜高彦根命《あじすきたかひこねのみこと》—太郎山権現—本宮—馬頭観世音菩薩

空海の日光来山については、信憑性は薄いが、円仁の来山は、円仁が下野の生まれであることや、円仁の東北巡拝の行業がいわれていることから察すると、まったく否定できないところもあり、円仁の来山の時期を想定するならば、それは天長六年（八二九）から同八年までの間、承和五年（八三八）の入唐以前であったと思われる。円仁の来山を伝える『円仁和尚入当山記』は鎌倉期の撰述と考えられるので、すべてを史実とみることは困難である。

平安時代初期の日光山は、少なくとも神仏習合の霊地であったことは否定できないのであって、この霊山日光山には多くの僧徒が入っていたと考えられるのである。その中には、天台系あり真言系ありで、互いに教義上の論争があり、また権力争いもあって、常に平穏であったとは思われない。やがて天台側が真言系を制圧して、日光山の主導権を握ることになった。そのために、日光山は天台系一色になり、真言系は無念の涙をのんで山を下りることになったのであろう。空海の来山伝説は、当時日光山に住した真言系の僧徒によって作られたその名残りではなかろうか。円仁の来山のことは史実として認められるものの、円仁の日光での行業の中には、天台系の人々によって、のちに付加されたものも少なくない。しかし、円仁の来山が因縁となって、日光山は天台宗となったのである。

四　神戦神話と小野猿丸

『三代実録』巻四によれば、貞観二年（八六〇）、二荒山神社（新宮）に初めて神主を置いている。右大臣大中臣清麿の子諸清の三男清真をもって、正式に神主とした。清真は勝道上人の従弟に当たっており、かつて日光山内の神事に与っていたことによる。

この清真には五人の男子があり、嫡子を清仁といい、大森新大夫と号し、子孫は本宮の神主であった。次男は清宗、大森禰宜大夫と号し、瀧尾と寂光とに奉仕し、三男の真氏は中麿宮大夫と号し、本宮の社人兼瀧尾祝部職に就いている。四男は真吉で、金子東大夫と号し、末社の神職を継ぎ、五男の真朝は加藤神主大夫と号し、同じく末社に奉仕していた。これらの家系のうち、のち江戸時代の天和三年（一六八三）に三男の中麿家を除き、家名廃絶の難に遭っている。

家名廃絶の難に遭った神職に、本宮の神職小野源大夫の家系があった。小野家は、大中臣氏の家系と異なる別の伝承をもった家柄であったと思われる。代々本宮つまり太郎山権現の神職であった。そして、この小野氏は、奥州小野領主の子孫といわれている。つまり『日光山縁起』にみえる小野猿丸も、やはり陸奥の小野（福島県南会津郡下郷町小野に比定）の出であるとしているから、小野猿丸の話は小野神職家の祖先起源説話ではないかと思われる。

『日光山縁起』には、二荒山権現と赤城山権現との神戦のことがみえる。この話は柳田国男が『神を助けた話』で取り上げているが、大蛇となった二荒山権現を助けて、蜈蚣《むかで》となった赤城山権現を破ったのが、この小野猿丸である。この神戦の話は下野の二荒山権現と上野の赤城山権現との二神の争いになっているが、実は古代において、二荒山の神を主神と崇める部族と赤城山の神を崇める上野国の部族との争いのことで、二荒山の神を崇める下野国の部族が勝利した話を伝えているものである。

ところで、二荒山の神を援けた小野猿丸は、有宇中将（二荒山権現）と陸奥の長者の娘朝日姫（女体権現）との間に生まれた馬頭御前（太郎山権現）の子として登場する。この物語そのものは、いわゆる貴種流離譚である。そして、猿丸は陸奥国小野に本拠を置く弓の名人であったと説く。女体権現が神戦の援けにと猿丸を連れ出すとき、鹿に身を変えて日光に迎えており、戦に勝ったときには、太郎山の神と共にこの山麓の一切衆生を利益すべく、この山の神主となることを約束しているのである。戦いに勝った後、約束通り太郎山の神を祀って小野猿丸が神主となり、その子孫が代々神職を継いでいるのである。小野家が奉祀する太郎山の神は、即ち太郎山権現であり、小野家には大中臣家とは異なる二荒山権現祭祀説があったのではなかろうか。つまりこの『日光山縁起』は、小野神職家の系統の人の手になる縁起、それは祖先起源説話であろうと思われるのである。

五　日光山の修験道

鎌倉時代末、正和二年（一三一三）、阿闍梨宗海は日光三所権現の御影板絵を瑠璃宿に施入しており、同五年には、同じく三所権現の御影を行弁等が寒沢宿に納めている。この三所権現の板絵は、女峰山の瀧尾権現を中心に、その右に男体山の新宮権現、左に太郎山の本宮権現が配されている。この他にも、三所権現の本地仏を描いた日光三所権現曼荼羅の掛幅があり、上部に右から阿弥陀（女体）・千手観世音（男体）・馬頭観世音（太郎）の本地仏を円相内に描き、中段左右に女体と男体の垂迹形、左下に太郎の垂迹形が後ろ向きに描かれている。日光三社の本地仏とその垂迹形を同一画面に描いた曼荼羅である。これらの板絵や掛幅は、神仏習合の思想に基づく本地仏と垂迹神とを同一面に描いたいわゆる垂迹画である。この垂迹神は、日光にあっては男体・女峰・太郎の三山の神体山を指すのであって、山そのものを神とみているのである。

日光山の神仏習合化は、鎌倉時代から室町時代にかけて盛んであったが、日光連山の山々までもその本地仏を比定するようになった。応永八年（一四〇一）の奥書のある『日光山碑文並縁起』に、二荒十八王子御本地を掲げている。

前二荒（得大勢至菩薩）　小補陀羅（毘沙門天）　黒檜（軍荼利明王）　錫嶺（妙音菩薩）　白根（十一面）　小白根（聖観音）　専女（大日）　温泉（如意輪）　鉢山（大威徳）　小太郎（准胝仏母）　雪山（不動明王）　大真名子（虚空蔵菩薩）　小真名子（地蔵菩薩）　帝釈（釈迦）　赤薙（薬師）　三笠（大聖文殊）　妙見（龍樹菩薩）　三宮（普賢菩薩）

と、日光の十八嶺を掲げて、その本地仏を示している。

また板絵には元徳三年（一三三一）に、寒沢宿に施入された役行者《えんのぎょうじゃ》御影板絵が現存する。

役行者は、いうまでもなく修験道の開祖である。また勝道上人像の板絵も二面存し、寒沢宿と両林宿とに施入したもので、これらは三所権現板絵と共に納められている。ところで、これらの板絵は日光の修験道の盛況を示すものであって、つまり日光三所権現像・役行者像・勝道上人像の板絵は、日光山の入峰修行の折りに、修験行者が宿泊して修行する「宿」に掲げられて、礼拝するものであったからである。

入峰修行とは、日光では禅頂《ぜんじょう》といい、山々を巡り、修錬苦行する独特の修行のことを指している。日光では、三峰五禅頂が行なわれた。三峰とは、春峰（華供峰）・夏峰・冬峰の三季の峰入りを指し、五禅頂は秋の峰入りのことを指している。このうち日光修験で最も重要視されたのは、春の華供峰と冬峰の二季の峰入りで、両峰といわれて、明治十年頃まで続けられていた。冬峰は逆峰とも称し、開山勝道上人の日光開山の足跡を辿るもので、古峰原・地蔵岳・薬師岳を経て、四本龍寺に至るコースで、旧暦の十二月十三日大宿（四本龍寺）に開闢、三月二日に大宿に戻るのである。大晦日を挟んでの峰入りなので、晦日峰ともいわれる。春の華供峰のコースはほぼ冬峰と同じであるが、最後に中禅寺湖畔の歌ヶ浜に出て、ここから船に乗り、湖畔の諸堂を巡拝し、そのとき春の花を採って中禅寺の本堂に献じたので、この名があるといわれる。旧暦三月三日に開闢、四月二十二日に大宿に戻る。

夏峰は、補陀洛夏峰ともいう。無類の大難行であったので、遭難者が出るほどの峰入りであったため、江戸時代以前には廃絶していた。したがってこの夏峰の峰入りコースの詳細はよくわからなくなっているが、中禅寺湖畔の南路を西に向かうコースを辿り、大多和宿から湖畔の西の千手浜あたりの平地宿を通り、さらに西に行き三根の宿そして男嶽宿・錫宿に至る。この辺から峰筋を駈け入ることになり、白根山を経て、金精山・温泉ヶ岳・山王帽子岳に出て、男体山を中心とした山々に入る。これからはさらに難渋を極める難所続きで、太郎山・大真名子山・女峰山と駈けて、山を下りて唐沢宿から行者堂に至り、ここで法楽を修して大宿に帰ることになる。五月晦日に入峰してから七月十四日出峰するまで、詳細な順路は不明なところがかなりあるが、長い峻険なコースを短期間に駈ける峰入りだったので、犠牲者も少なくなかったようである。

秋峰の五禅頂は、五組の峰修行の一行が、一日おきに一番から順次入峰するのでその名がある。入峰は八月十九日、山中に三宿ののち出峰する短い峰入りである。コースは、大宿を出て、女峰山から小真名子山・大真名子山を経て男体山に登頂し、中禅寺を参拝してから四本龍寺の大宿に帰着する。さほど困難な行程ではないが、嶮岨な山路なので、安易な峰駈けではない。

日光修験の入峰修行の他にも、日光独自の行事に、大千度行法がある。この行法は、五カ月間に一千度の堂社巡拝を行なう修法で、年三回、行者を替えてなされる行法であるが、この行法中は、一切言葉を交えることを禁じていたので、「無言の行」として知られていた。勝道上人は、神仏の冥護を感じて処々に堂社を営んだが、その後それらを日光山内に勧請した。その諸堂社を巡拝するのが、この行法である。これは明治維新で断絶してしまったが、巡拝形式の一部は、今も日光山の加行《けぎょう》の中に残っている。

その他、男体山を主とした修験行事がいくつかある。それは、四月八日の御戸開禅頂、五月五日の端午禅頂、七月七日の男体禅頂、今の男体山登拝祭、そして九月九日の重陽禅頂である。また、中禅寺湖を船に乗って湖畔の諸遺跡を迎拝する浜禅頂がある。これは春峰の最後の華供行事を独立して行なうもので、現在八月四日に行なわれている船禅頂は、その伝統を引き継ぐものである。

以上、開山勝道上人の日光開創以前の古代の日光から、鎌倉・室町時代までの歴史の大略を、山岳信仰と神仏習合を中心にみてきた。しかし日光山の歴史は江戸時代になって、徳川家康を東照大権現として奉祀してから、日光大権現と東照大権現との二本立ての信仰が始まることになるのである。

平安末の日光山
―観纏・頼朝・義兼―

一　開山以来の戦禍

平安末の日光山では、座主（別当）の後継者争いがあって、それが原因で一時兵燹《へいせん》の禍いを被った。そのときに、この苦境を救うために、源頼朝の命によって日光座主（別当）となったのが、三河滝山寺《たきさんじ》の額田僧都《ぬかたのそうず》観纏《かんでん》（寛伝あるいは寛典）であった。それは、寿永元年（一一八二）のこととされている。観纏は、熱田大宮司家の出で、頼朝とは従兄弟同士（頼朝の甥とする説もあるが、それは誤り）の関係であったため、日光山に遣わされたとされているが、果たしてそれだけが理由だったのだろうか。

寿永元年を遡る二年前の治承四年（一一八〇）八月に、頼朝は平家追討の兵を挙げている。いわゆる治承・寿永の内乱の始まりであって、寿永元年はその内乱の最中である。憶測するに、頼朝の天下制覇に向けての一つの宗教政策が絡んでいたのではなかろうか。最近の中世研究は非常に盛んであって、とくに寺社組織や寺社領の研究は著しい進展がある。この平安末の日光山の状況が、やがては鎌倉時代の日光山の序章となるといえる。そもそも日光山と源氏との関係は、遡れば義家のときからと思われる。源氏と日光山の繋がりはこの頃から始まったようである。いろいろな疑問を脳裡に描きながら、平安末の日光山の姿を少しでも明らかにしてみたい。

日光山開山以来、堂塔が兵火によって焼失したのは、このとき、つまり安元二年（一一七六）のときが最初であるとされ、しかもその原因は、世俗臭の強い座主（別当）争いであった。この争いは、一体どのようにして起こったのか。記録類によって、その跡を辿ってみたい。

『日光山別当次第』（『別当次第』と略称）によると、第十六代座主（別当）光智坊聖宣法印は、後継者を真智坊隆宣と定め、隆宣に別当安堵の官符を受けさせるために、上洛を命じた。ところが、隆宣が京から帰山する前に師の聖宣が入滅してしまったので、同門の弟子である恵観坊禅雲が、隆宣を無視して別当職を襲《つ》いでしまった。一方、隆宣は官符を得て京から帰山し禅雲に譲職を迫ったが、禅雲はそれに応じなかったので、両師の争いはやがて、それぞれの本家である隆宣方の大方氏と禅雲方の那須氏との激突になってしまった。『常行堂大過去帳』（『過去帳』と略称）の隆宣法橋の条にも、ほぼ上記と同じ内容のことが記されている。

真智坊隆宣は、『尊卑分脈』藤氏秀郷流や『秀郷流系図』（『続群書類従』所収）によると、常陸の大方五郎政家の四男（『過去帳』では三男）で、その俗弟には、後に日光山の別当となった弁覚や性覚がいた。大方氏は、藤原秀郷の系統である小山氏の一族の、武勇の誉れ高き豪族であった。日光山の状況を知った大方兄弟およびその一族は、数百騎の軍兵を率いて日光山に向かった。大方氏の軍勢が日光へ攻撃を加えたので、禅雲の方はこれを支えきれずに退散してしまい、山を離れてしまった。そこで隆宣は、「補二別当職一」（『別当次第』）とあって、ようやく日光山の別当職に就くことができた。

　ところが、一方禅雲は、下野国那須一族（『別当次第』）、即ち領主の末子（『過去帳』）であったため、那須一族は会稽《かいけい》の恥を雪《そそ》がんと、塩谷・宇都宮らの両氏を併せて数千騎を率いて、日光に攻め登ってきた。隆宣側は、山菅橋を引き落としてひたすら防戦につとめたが、搦手の兵勢が東河原より迂回して滝尾方面より攻めてきたので、隆宣はこれを支え切れず、山を離れていった。その間の戦況は、『別当次第』に詳しく記されており、かくて禅雲は、再び別当職に還補されることになった。禅雲の別当職還補については、『過去帳』に「禅雲又当職押領。」とあって、『過去帳』の立場には、禅雲が非合法に別当職に就いていたことを非難するかのような筆致が窺われる。日光山が兵乱によって戦場となったのは、このときが開山以来初めてのことであり、この戦乱で四本龍寺をはじめ多くの堂塔が回禄に帰してしまったのである。

二 日光山別当観纏

観纏が別当に就いたときの日光山は、このような荒廃した状況にあった。しかし、この観纏は一、二カ月の短期間で下山してしまったのである。『別当次第』や『過去帳』によると、日光山に初めて登山の折、日光山衆徒との初対面において、御簾を半分しか挙げなかったという傲慢な態度があったがために、衆徒の立腹に遭い、短期間の在職で下山することになってしまったのである。観纏の下山の後、宇都宮朝綱が、祖父大法師宗円が日光山別当であったことや、父宗綱が同じく俗別当であったことの因縁によって俗別当職に就いているが、朝綱も衆徒との不和で、間もなく辞職している。

ところで、観纏が日光山の別当になったのは、『過去帳』によると寿永元年(一一八二)であるが、もしこの年に登山したとするならば、寿永元年は五月二十七日の改元であるから、この日以後のことになる。つまり厳密に考えるならば、この年の後半の半年間における事件であったといえる。しかし、寿永元年その一年間のこととしても、その年のことであったかどうかは、今のところそれを証する確かな史料がなく、確証し難いといわねばならない。しかし、諸書はこの寿永元年晋山の所伝をとっている。

観纏は、熱田大宮司藤原範忠の子で、『滝山寺縁起』の「功徳温室ノ事」によれば、元久二年（一二〇五）九月十四日寂、世寿六十四であった。つまり康治元年（一一四二）生まれで、式部僧都と呼ばれていたが、また『尊卑分脈』では額田僧都とも記している。日光山別当に補任されたとされる年、即ち寿永元年は観纏四十一歳のときであった。

また、彼が創建した滝山寺の惣持禅院とは、『滝山寺縁起』の記すところによれば、頼朝の菩提を弔うために建立されたものである。この惣持禅院は、観纏六十歳のときの創建で、ここには、亡き頼朝の鬢の毛と歯とが聖観音菩薩像の胎内に納められた。新行紀一氏の指摘するように、鬢の毛と歯とは、元来頼朝の生母の実家である熱田大宮司家に送られたものであったろう。これが大宮司家の縁故で、滝山寺へ贈られたので、惣持禅院を建立することになったものと考えられるのである。そして、この観音像とその脇侍である梵天・帝釈の両像は、仏師運慶・湛慶父子によって造られていることも知られる。ともかく、頼朝と観纏との関係は、従兄弟同士であることから、極めて緊密な間柄にあったのである。

三　頼朝の戦略

頼朝が、頼政の挙兵のあとを受けて伊豆に平家追討の兵を挙げたのは、治承四年（一一八〇）八月のことである。この頃のことを『吾妻鏡』によってみてみると、同五年（一一八一・七月、養和と改元）閏二月四日に、平清盛が薨じた。その同じ閏二月の頃、関東では不穏な動きがあり、頼朝の叔父志田義広が骨肉の好を忘れて反頼朝の兵を挙げ、数万騎を率いて鎌倉を討つべく、常陸国を出て下野国に向かっていた。義広軍は、味方と思っていた小山朝政と野木宮で対決することになったが、東方の陣より攻めた小山軍は、東南方から起こった突風に助けられて、義広軍を攻め落とすことができたのである。この頃、下野国内においては、日光山の争いばかりでなく、また志田・小山両軍の戦乱にも脅かされていたのである。また同じ閏二月十五日には、頼朝追討の院宣が東海道の諸国に下り、平重衡は軍兵を率いて東国に向かっていた。そして同年三月には、また頼朝の叔父源行家を墨俣川に破っている。

治承・寿永の内乱において、藤姓足利氏は頼朝に敵対したために、養和元年（一一八一）九月七日、頼朝より追討の命が下り、同十三年、足利俊綱は腹心の家臣桐生六郎によって殺されている（『吾妻鏡』）。一方、もう一つの足利氏を名乗る源姓足利氏は、義兼が治承四年から、頼朝を主君として仕えている。『吾妻鏡』の同年十二月十二日の条に、頼朝が新たに亭を造り、新造の亭に移るときの儀式に供奉した武士の名を連ねているが、その中に「足利冠者義兼」の名がみえる。これでもわかるように、藤姓足利氏の俊綱は滅んだが、源姓足利氏の義兼は鎌倉の御家人として、鎌倉幕府を支えており、しかも足利の地に確固たる地盤を持つことになった。頼朝は、このような下野国の諸事情をよく心得ていたので、東国諸国の中の下野国や日光山の置かれた地位、およびその宗教的・軍事的な重要性を充分承知していたのではなかろうか。

こうしてみてくると、観纏を日光山別当として送り込んだ理由も、理解できるように思う。

さらに、頼朝・観纏・義兼等を結びつける姻戚関係と、義兼の支配する足利の地を視野に入れながら、問題点を探っていきたい。

四　観纏と足利氏の関係

熱田大宮司家の系図を『尊卑分脈』熱田大宮司家を参考にして、頼朝・観纏・義兼等を結びつける系図として掲げると、次頁のようになる。

この系図でもわかるとおり、観纏の姉妹の一人は源姓足利氏の義康に嫁ぎ、鎌倉の御家人として活躍した義兼を産んでいる。この義兼のことはまた触れるとして、足利二氏は、足利庄および梁田御厨の領有をめぐって、平安末から鎌倉初期にかけて、藤姓足利氏と源姓足利氏との間に激しい対立があった。

足利庄は、康治元年（一一四二）十月、義康の父義国が、その父義家から遺産として継承した私領を、京都安楽寿院の荘園として寄進したものである。安楽寿院とは鳥羽上皇の御願寺である。義国はこの荘園にあって、下司の荘官として実質的な実権を握っていた。平安末、この足利庄の領主職にあったのは、『吾妻鏡』養和元年九月七日の条によると、藤姓足利俊綱であったが、前にも触れたように、俊綱は志田義広が兵を挙げたとき志田軍に加わり戦ったが、野木宮の戦いに破れ、足利における地位を源姓足利氏に譲ってしまうことになったのである。

〔熱田大宮司家系図〕（「大」は大宮司）

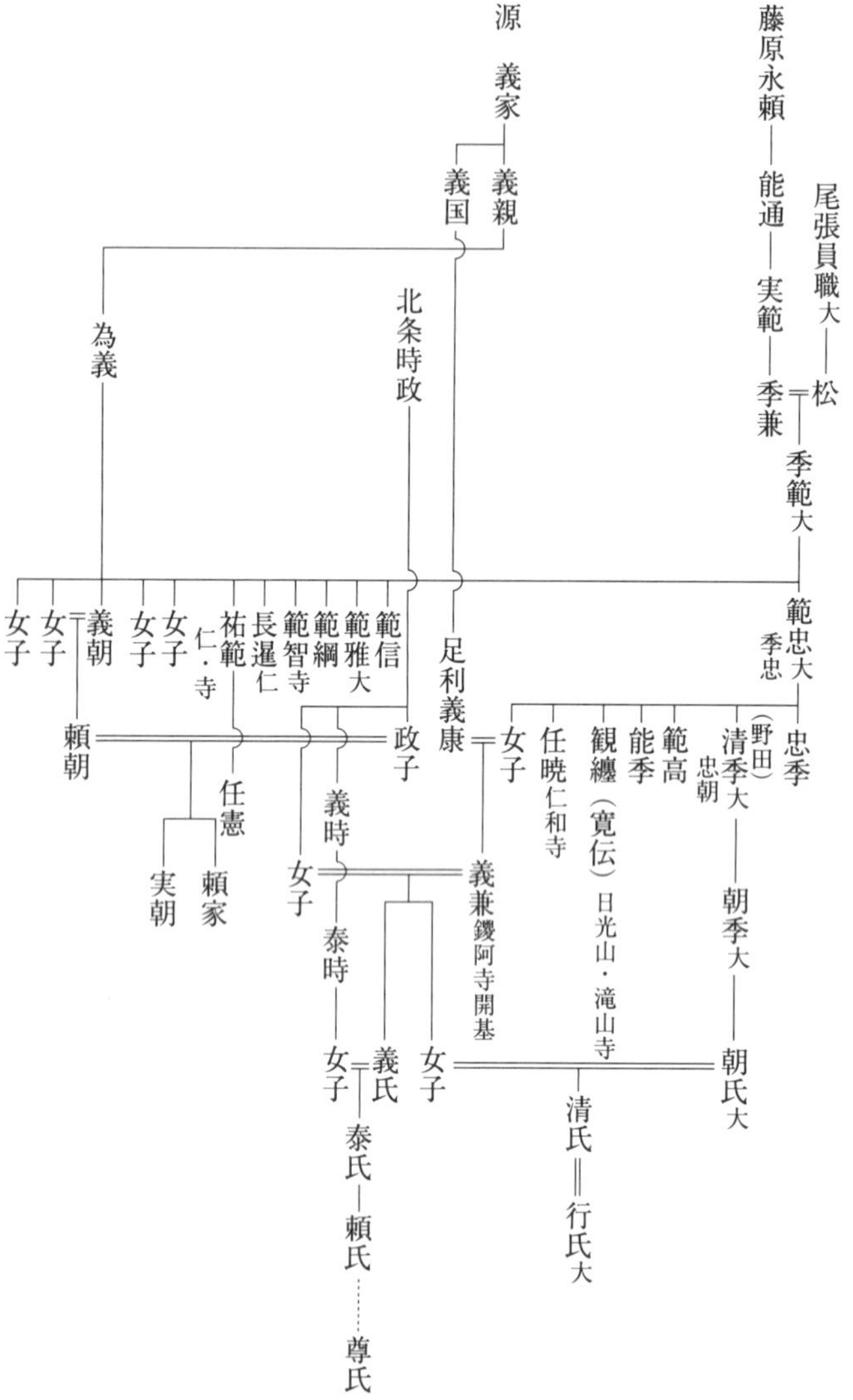

源姓足利氏は義国が、久寿二年（一一五五）に死去、家督は義康に譲られた。その義康も保元二年（一一五七）に死し、義兼・義氏・泰氏と相伝している。義兼はやがて鎌倉の御家人として活躍することになるが、すでに触れたように『吾妻鏡』治承四年十二月十二日の条に、頼朝に供奉している記事がみえるところからすると、治承・寿永の内乱のときには、早くから鎌倉方として鎮圧のために戦っていることがわかる。

「鑁《ばん》阿《な》寺《じ》樺崎《かばさき》縁起并仏事次第」によれば、義兼は、建久七年（一一九六）に居館の邸内にあった持仏堂を改め、堀内御堂を建立し、自ら開基となった。後の鑁阿寺である。走湯山伊豆山権現の理真朗安を招致して開山とした。理真朗安はその頃、義兼の寄進によって開かれた樺崎寺住職であったが、鑁阿寺に転ずることになったのである。

義兼は、正治元年（一一九九）三月八日に樺崎の地で没するが、その終焉の地に廟所として赤御堂が建てられている。また、義兼の法名を、金剛界大日（鑁・バン）・胎蔵界大日（阿・ア）の種子をとって鑁阿としたことから、寺号は出ている。

義兼の生前、建久七年、理真朗安が鑁阿寺に転じたあと、樺崎寺の住職に迎えられたのは法円房隆験である。隆験が治山七年にして寂した後、その廟所に一切経蔵が建てられ、そこには義兼の叔父である額田僧都観纏が宋から求めた一切経を、義兼の子義氏の代に収めている。その一切経は、「鑁阿寺樺崎縁起并仏事次第」によると、新しく宋から輸入されたものであろうから、それは、おそらく十三世紀初頭のことであろうと思われる。源平の戦乱が治まり、鎌倉幕府の基礎がある程度固まってからでないと、宋との交通も容易ではなかったろうと思われるからである。

しかし、ここで注意したいことは、観纏は義兄弟の足利義康、甥の義兼を通じて、足利氏と関係があったことは否めない事実であった。しかも観纏自身も、治承・寿永の内乱を通して、東海・関東地方のこと、とくに下野国に無関心ではいられなかったといえる。また、義兼の正室は北条政子の妹であったから、頼朝と義兼とは義兄弟であった。つまり、観纏にとっては、両人に身近な人々であったのである。そのようなことを背景に考えるならば、動乱の世の情報が、聞きたくなくても耳に入ってきたであろう。

五　鎌倉幕府と日光山のつながり

以上のようにみてくると、観纏が日光山の別当として登山したとされる寿永元年とは、治承・寿永の内乱の最中であり、頼朝は天下制圧のためにも、下野の日光や足利の重要性を認識せざるをえなかったのである。寿永元年には、足利義兼はすでに頼朝の近臣としての地位を確かなものとしており、源姓足利氏は鎌倉方にとって、下野国内の宇都宮氏・小山氏と共に重要な存在であり、また足利氏が下野国へ睨みをきかしていたのである。同様に、その一翼を担って、宗教上の重要拠点である日光山を制する必要から、観纏は滝山寺から同じ天台の日光山へ、座主（別当）争いを鎮圧するために派遣させられたのであろう。

その結果は、成功したとはいえないが、鎌倉幕府と日光山との関係は、この頃からさらに緊密になった。つまり、歴代の日光山座主（別当）は、鎌倉の勝長寿院（鎌倉大御堂）、つまり頼朝が父義朝の菩提を弔うために創建した寺の供僧や別当に補せられるものが多く、即ち将軍の護持僧を兼ねていたのである。また、『吾妻鏡』によれば、文治二年（一一八六）九月三十日に、頼朝が日光山（常行堂）へ寒河郡（現在の小山市）の田地を三昧田として寄進している。

頼朝はこの前年、文治元年（一一八五）十一月二十八日、『吾妻鏡』によると、朝廷に請うて諸国の守護・地頭の補任の権利を得ている。つまり、諸国の守護・地頭の補任と、荘園・公領を問わず、段別五升の兵粮米徴収の権利を得ているのである。後には、大犯三箇条といわれる大番催促、謀反人、殺害人の検断など治安の維持、警察権の行使をその権限とするようにもなるが、地方行政官としての守護および荘郷を単位とする地頭の制が、文治元年に制度として設置されたのである。これは、実は源義経・行家の捜査逮捕を名目として、勅許を得たものであるといわれる。したがって、頼朝の常行堂三昧田寄進は、義経逮捕の祈願がこめられていたとの見解もある。

六　頼朝の宗教政策

天喜三年（一〇五四）源頼義とその子八幡太郎義家が、前九年の役に出陣した。そのとき、宗円（宇都宮氏の祖）大法師が、康平三年（一〇六〇）東国に下って、日光山の権現に戦勝を祈願している。その頃の日光山がすでに霊山として知られていたことは、平安末頃の撰といわれている鎮源の『大日本国法華経験記』に、法空が生国下野国に下向して、日光山を巡拝していることが記されていることによってわかる。源氏の日光山信仰は、源氏の始まりの頃からすでに指摘できるのである。宗円は後に宇都宮に居住し、天仁二年（一一〇九）日光山座主に補せられている。そして宗円の子孫は代々宇都宮氏を名乗り、その一族の中から日光山・宇都宮明神の別当職に就くものが多く出た。

頼朝の父義朝は、『兵範記』によれば、仁平三年（一一五三）三月二十八日、下野守に任ぜられており、また『尊卑分脈』によっても、下野守に補せられていたことは確かめられる。『兵範記』の保元元年（一一五六）十二月二十九日の条によると、さらに日光山の堂塔整備の功績によって、下野守に重任されている。これによっても、源氏と日光山との関係は、すでに義朝のときからあったことが知られる。義朝以前にも下野守に補せられていたのは義家であって、『扶桑略記』延久二年八月一日の条および同年十二月三十日の条、および『為房卿記』永保元年十月十四日の条に、「下野守源義家」とみえている。

『日光山満願寺祈請感応条々』によると、治承四年、頼朝が伊豆で挙兵したとき、大願を発して朝敵誅伐を祈願し、大願成就の後、下野国の内の久野（現在の粟野町久野）・大井（現在の烏山町か）の地を、日光山の燈明料所に寄進している。また同書によると、元暦元年（一一八四）頼朝が平家追討のため、重ねて日光山に祈願しており、所願成就の後、五月会の会頭を下野国の地頭・家人らの所役と定めている。そして文治五年（一一八九）、藤原泰衡追討のために、日光山に祈請している。泰衡平伏の後、報賽のために頼朝の帯びていた太刀を奉納したり、那須庄内の五箇郷を寄進して、神贄狩料所に充当している。さらに日御供料所のために、森田（現在の南那須町森田）・向田（現在の烏山町向田）の二郷を寄付していることなどが記されており、頼朝と日光山との関係を知ることができる。

文治五年、頼朝が藤原泰衡追討のため奥州に兵を進めたとき、戦勝を祈願して日光山へ願文を捧げている。『別当次第』によると、この願文を届けた使者が、頼朝創業の家臣である安達藤九郎盛長で、日光山に入り一番最初に門が開いていた坊に願文の祈禱をするようにいわれていたので、その通りにした。その最初の坊が三融房（今の浄土院）であった。そして三融房静覚のもとで、戦勝を祈禱したのである。その結果、頼朝は無事奥州平定を達成することができ、その勝利の功徳によって、静覚は座主（別当）に補せられている。また盛長は、のち信濃守にもなったが、頼朝の死後、薙髪して蓮西と号した。浄土院の境内には、今も安達藤九郎盛長の石塔がある。『日光山志』に、この盛長の石塔について記しているが、盛長は頼朝の死んだ翌年、即ち正治二年（一二〇〇）鎌倉甘縄の私邸で没しており、盛長つまり蓮西のために建てられた供養塔であろうと思われる。

源氏と日光山との繋がりはいろいろな史料によって知ることができるが、それらによって、頼朝が如何に日光山を重要視していたかを、充分に察知できるのである。そして、足利氏と三河額田郡との関係は、少し下って観纏以後に確立されることではあるが、下野国足利庄の源姓足利氏とその勢力の状況に関しては、義兄弟の義康やその子義兼の存在から、観纏は充分知りえたのである。そんなことから、頼朝の命とはいえ、観纏は日光山に登山することも決心できたのであろうし、頼朝の天下制圧のための宗教政策の一翼を担おうともしたのではなかろうか。

頼朝の宗教政策が如何なるものであったかは、寡聞にしてよく知らない。源頼義が京都石清水八幡を鎌倉に勧請しているが、頼朝はそれを今の地に移し、加えて若宮を創建し、鶴岡八幡宮の基礎を造ったこと、また父義朝の菩提を弔うために勝長寿院を開基したことなどは、頼朝の宗教心の現われであろう。そして彼の天下制圧に向けての大政策の中に、寺社を視野に入れながら、地方豪族を配下におさめようとする意図が存したことは、日光山の例をみるまでもなく、明らかであったといえる。

参考論文

観纏については、

新行紀一「足利氏の三河額田郡支配」（『芳賀幸四郎古稀記念・日本社会史研究』所収）

藤本元啓「熱田大宮司家と足利将軍家」（『神道古典研究』十三号所載）

熱田大宮司家については、

西岡虎之助「古代における神社の荘園、六、熱田社領を背景とする大宮司家の変遷」（『荘園史の研究』下巻一、所収）

田中善一「精神生活より見たる地方武士団の展開」（『熱田神宮とその周辺』所収）

同「熱田神宮と源頼朝」（同上）

小島鉦作「熱田神宮の由緒についての若干の考察」（『神社の社会経済史的研究』所収）

同「中世における熱田社領」（同上）

藤本元啓「織豊期における熱田大宮司家領の変遷―千秋季信を中心に―」（皇学館大学史料編纂所報『史料』一〇四号所載）

同「熱田大宮司家の一側面―軍事行動を中心として―」（『軍事史学』一〇四号所載）

同「十一～十二世紀における熱田大宮司家とその一門」（『神道史研究』三十九巻一号所載）

上村喜久子「尾張三宮熱田社領の形成と構造」（『日本歴史』二九四号所載）

天海の神道と東照大権現

――山王一実神道の本質――

一　権現と明神

徳川家康や天海についての歴史的な話は、いろいろなところでお聞きになったり、あるいは知る機会もあろうかと思います。ところが、今日お話しすることは、思想的、宗教的な話になると思います。扱うところが少し堅苦しい話になるかと思いますが、こういった方面もやはり知っていただく必要があるのではないかと思います。少しかみ砕いた形でお話しするように努力しますのでお許し願いたいと思います。

これからのお話の中で、お断りしておかなければならないのは、家康公にしても天海大僧正にしても、天海とかあるいは家康というふうに尊称を省略して申し上げます。これはいわば学問研究上、主観的な価値判断をまじえないよう、尊称をつけないのが普通なものですから、そのしきたりに従って尊称を省略します。

もう一つ、いろいろ証拠の文章とか史料がたくさんありますが、この短い時間の中で詳しく説明する、あるいは証拠を挙げてお話しすることはなかなかできないので、省略するところもあります。その点ご諒承願います。

権現様というと、今の時代でもわれわれは徳川家康のことを思い出します。権現様というのは、神様の神号なのです。明神とか権現とかいわれている、その権現なのですが、何も権現は家康一人に限ったことではない。何々権現とたくさんあるわけですが、たとえば日光三所大権現とか、あるいは箱根権現、東京ですと根津権現とか、熊野の方に行きますと熊野権現とか、蔵王権現とか、たくさんの権現と名のつくものはありますが、単に権現というと、すぐに東照大権現、家康のことを思い出します。

この権現というのは一体どういう言葉かというと、権現の「権」は「かり」という意味です。権大納言とかあるいは大宰権帥とかの権は、かりという意味です。本来は仏様ですが、それがかりに神に現われたもの、これが権現なのです。かりに現われたというのを文字として表わすと、権現となります。ですから権現と名のつく神はたくさん出てくるわけですが、これは仏教の影響を受けた神号で、明神とは違うのです。明神は神道側からの神号ですが、権現は仏教側からの神号なのです。したがって東照大権現という神号も、仏教側でつけた神号ということがいえます。

家康は元和二年四月十七日に駿府城、今の静岡で病没します。何が原因で亡くなったかというと、よくいわれていますが、「てんぷら」を食べて、そのてんぷらに当たったといわれます。家康はすぐに久能山に祀られたのです。

久能山での葬儀のことは、いろいろ記録をみますと、吉田神道で祀られています。この神道は当時一番力のあった神道です。京都において非常に盛んであったものです。唯一神道とも称するのですが、やはり秀吉を祀った吉田神道によって、祀られたとだいたい考えられます。

ところが、久能山に祀られた家康は、一年を経た一周忌に、今度は日光に遷されるわけです。これについては亡くなる四月の初めですが、家康が遺言をするのです。天海もそのとき家康のそばにおりまして、家康の遺言を聞くのですが、その遺言の中で、家康は自分のことを神として祀れということを命じます。

この遺言のことは話しますとずいぶん長くなりますが、簡単に紹介しておきますと、神として祀れというのがその一つであります。それから、日光に小さな祠を建てよといっています。小さな祠を建てて、そこに祀れというのです。そのほかいくつかいっていますけれども、主な点はそんなことで、一周忌を期して日光に祀ってくれという遺言を残したのです。

その遺言に従って、天海は家康をやがて日光に祀ることになるのですが、その神として祀るときに、しからばどういう神様の号を与えたらよいか、つまり明神号と権現号、どちらがよいかということで、大変な論争を巻き起こすことになります。

明神号を主張するのは金地院崇伝です。崇伝は、京都の南禅寺の塔頭《たっちゅう》に金地院という寺があって、そこの住職です。崇伝も徳川家康に仕えた大変力量のあった坊さんで、天海と並び称せられるくらいの、幕閣に参画した坊さんなのです。その金地院崇伝ともう一人、神竜院梵舜という人が、明神号を主張します。

この梵舜という人は、実はもとをただすと吉田家の出身なのです。吉田家は吉田神道の家柄です。吉田某という名前ですぐ思い出すのは吉田兼好、兼好法師です。『徒然草』を書いた兼好法師は、この吉田家つまり神官の出なのです。後に坊さんになりますから、それで法師といわれるのです。この梵舜も吉田神道家の家柄の出ですから、この人が唱えるのは、当然自分の家柄からすれば吉田神道です。

吉田神道は唯一神道とも称して、室町期に現われた神道です。これはあとでまた触れる機会があると思いますが、室町の頃に吉田兼倶という人によって創唱された神道です。この神道を奉じているのが梵舜で、それをバックアップして、共に協力してやっているのが金地院崇伝なのです。

ところが、天海は何を主張したかというと、権現号を主張するのです。天海は天台宗の坊さんです。天台宗には山王神道という神道があって、私が考えるには、鎌倉の初期あたりにそういう神道説が固まってきたと思っています。その山王神道の系統を引く天台宗の坊さんですから、当然天台側の神道を主張するわけです。

この二つの神号、つまり明神号にするかそれとも権現号によるか、二つに大きく分かれて争うことになります。なかなか決まらないものですから、時の将軍秀忠は、老中に命じて議定を開かせます。老中たちの会議を行ってそこで決めさせるのですが、そのとき天海もそこに呼ばれて説明役をかって出たのだと思うのです。どういうことをいったかというと、それは「明神は悪し。豊国大明神を見やれ、あれがよきかと」といったというのです。

実はこの言葉が出てくる史料は、渋川春海という人の『新蘆面命』という書物なのですが、多少これは誇張もあるかと思います。このとおりの言葉でしゃべられたかどうかはわかりませんが、ともかく誇張もあるかと思いますので素直には受け取れないかと思いますが、要点は尽くしているのではないかと思います。

要するに、明神はだめだと。なぜだめかというと、豊国大明神つまり豊臣秀吉のことですが、豊臣秀吉は豊国大明神として祀られました。その豊臣秀吉は徳川家によって滅ぼされるわけでしょう。その滅ぼされた相手と同じ明神号をつけるとは一体何事か。相手の豊臣家はどうなったか。今まさに滅びんとしているではないか。ほとんど滅びようとしている豊臣家と同じようなことになってしまってもいいのか、といったわけです。これには誰も反論できませんでした。現実はどうだったかわかりませんが、ともかく要点からいうとそういうことで、家康の神号を権現にするということは、天海の一言によって決まってしまったのです。後に東照という神名が上について、東照大権現という神号になります。

二　天台の法門伝授

そこで、家康を神として祀るとなると、一体どういう神道で祀るかということです。それが山王一実神道です。

その山王一実神道で祀ることになったいきさつについては、家康と天海との間に法門伝授というのがありまして、これは家康に対して天海が、天台宗の教義とか、山王一実神道の奥義とかを伝授していたということがあったのです。

生前から家康は、天海のそういった天台の法門、いわゆる天台の教えとか血脈相承とか神道の伝授というものを受けていた形跡があるのです。だから、死ぬときの遺言に神として祀ってほしいという願望が出てくるわけです。それがなければそういう話は出てこないはずなのです。

家康公と天海との間の法門伝授のことは、天海の伝記類などにみられます。東源の書いた伝記、これは『東叡開山慈眼大師伝記』です。それから諶泰の『武州東叡開山慈眼大師伝』という伝記があります。この二つの伝記が基本の伝記になるのですが、東源の書いた伝記は『東源記』といいます。そして、諶泰の書いた方は『諶泰記』といいます。両伝記とも天海寂後、そう年月の経たないうちに書かれています。つまり、『東源記』は寂後七年に書かれた伝記、『諶泰記』は寂後十六年経って書かれた伝記なので、天海の印象のそう薄れないときに書かれた伝記といえるかと思うのです。

さらに史料としては、『駿府記』といって、これは家康の近習が記録したものだといわれていますが、そういう史料があります。それから、徳川幕府の公式な記録である『徳川実紀』というのがあるのですが、その秀忠の時代の記録に当たる『台徳院殿御実紀』という史料。こういう当時の記録を見ますと、だいたいどういうことが行なわれたかがわかります。それによってたどってみると、慶長十九年、ちょうど大坂冬の陣の行なわれた年で、冬の陣にかかろうというときです。その頃に五回の天台宗の血脈相承という伝授があったことが記録されているのです。

これに対して、辻善之助博士という有名な日本仏教史の権威がおられましたが、この辻先生の研究によると、この五回の家康に対する天台宗の血脈の伝授は、実はなかったと主張するのです。そんなものはあり得ないというのです。

辻先生の説によると、ちょうどその頃は方広寺に鐘が奉納されて家康を詛ったという、有名な鐘銘事件が起きているときなのです。ですから、その対応に家康が苦慮して、天海を呼びつけて、どう処理したらいいかという密議をこらしたんだというのです。その鐘銘問題から間もなく大坂冬の陣が起こるわけで、それで家康は大坂城攻めをするのですから、そういう大事な時期に天台の教学を聞く余裕などはないというのです。それはおそらく大坂方に対する密議をこらしたんだというのです。

この辻先生のお考えは、当然そういう説があってもおかしくないと思います。またそう考えるのは当たり前のことだと思います。けれどもここで多少反論を述べますと、血脈の伝授とか法門の伝授というものは、これはわれわれ宗門にいる者にはすぐわかるのですが、単に秘密の印相を結ぶことによって終わってしまうこともあります。それから、特別な経文をお互いに唱え合うことによってすんでしまうこともあるのです。まことに簡単です。いろいろ難しいことはありますが、そういうふうに簡単にすむこともあるのです。辻先生は、それをご存じなかったのではないかと思うのです。

昔から武将が、国家の大事のときに高僧からいろいろ教えを受けることはよくありました。蒙古が攻めてきたときに、北条時宗が祖元と会って、その意見を聞く。そういうこともあるし、それから京都が混乱に陥ったときに、足利尊氏と夢窓国師が会って、夢窓国師のいろんな教えを受けるということは、歴史上あったことです。だから当然、辻博士の考え方は間違っていないと思うのですが、しかし伝授というものは長い時間をかけて行なわなくてもすむもので、われわれが宗門で経験していることから判断すると、簡単にできるものもあるのです。ですから、当然それは密議ではなくて、法門の伝授があったと考えてさしつかえないと思うのです。

さしつかえないどころか、辻先生の指摘する五回の伝授以外にも、慶長二十年の六月と七月に、やはり二回の伝授が行なわれております。これは冬の陣もすんで、もう夏の陣も終わって、しかもその年の五月には淀君と秀頼は自殺しているのですから、決着はついています。六月と七月に神道伝授とか法門伝授があるのですが、もう決着がついていますから、ここでは密議をこらす必要はないわけでしょう。これをどう考えるかです。

これは密議とは考えられません。当然、このときはまさしく法門伝授があったと考えてよいわけです。そうすると、慶長二十年、家康が亡くなる二年前に、当然そういう伝授が行なわれたと考えてさしつかえないだろうと思います。

三　神仏習合とは

しからば、この山王一実神道とはどういう神道であったのか。山王神道や山王一実神道は、日本天台の中で行なわれている神道です。天台宗の中で行なう神道というと、そんな神道があるのかと疑問を抱かれると思いますが、神道は何も神社側だけで行なわれたのではなくて、仏教側にもあるのです。これをまず頭の中に入れておいてください。

したがって、天台宗の神道というものをお話しする前に、日本の神道の歴史をちょっと話しておきます。

日本には古来から神祇信仰が行なわれています。日本で神として祀られているものには、自然の物を神として祀って、風の神とか雷の神とか雨の神とかいう祀り方もあるし、山を対象とする信仰もあるし、いろんな信仰があります。神話の中に出てくる神様を信仰の対象とする信仰もあります。古来から日本にはそういった神祇信仰があるのです。

その古来の神祇信仰の中に、仏教が入ってくるわけです。仏教というのは、国際性を持った宗教なのです。だいたい宗教というのは地域性が強いのです。たとえば日本だけでしか行なわれない宗教、つまり神道がそうなのです。それから、中国なら中国だけでしか行なわれない宗教、道教がそうです。そういう地域性の強い宗教が普通です。その地域、その民族、それを主体とする宗教が割と普通なのですが、仏教だけは国際性が非常に強いので、インドで起こった仏教は中国に渡ってきて中国でも栄えます。また、日本に来て日本でも栄えます。この頃はアメリカでもだいぶ盛んになってきているとのことで、非常にインターナショナルな宗教なのです。

それから日本人は宗教に対して、よく言えば非常に寛容性があります。包容性があるのです。何でもかんでも包み込んでしまうのです。だから、日本にはいろんな宗教があります。イスラム教だけは、これは地域性、民族性の強い宗教ですから、日本ではあまり栄えていません。けれども、いろいろな宗教が入ってきています。日本人というのはほとんど受け入れてしまうのです。悪くいえば、何でもかんでも入れてしまうのですから無節操なのです。だから仏教が入ってきたときにも、どんどん仏教を取り入れます。

そして、仏教は日本に入ってきて、日本で広まっていくためには、どうしても日本古来の信仰である神祇信仰と、手を握っていかなくてはならないわけです。仏教だけでは、とても生き延びられません。地域によっては神の信仰、昔からこれはうちの氏神様だとお祀りしているところがたくさんありますから、それをやめろとか、そんな信仰を捨ててしまえとか、仏教を信じなさいといっても、なかなかそうは割り切れません。仏教は日本に入ってきたときに、どういうふうに日本の神祇信仰と手を握っていくかということがあって、それが仏教側の考え方、つまり神仏習合の思想なのです。神と仏というものを、一体化する考え方が行なわれたのです。

この神仏習合思想は、日本の神様をいかに仏教の中に取り込んでいこうかということで、仏教側から発想されたものです。神道というのは日本民族、日本だけの宗教ですから、非常に排他性の強い宗教です。神道側からは別に仏教をどう取り込んでいくかということは考えません。むしろ仏教側から神をどう取り込んでいくかを考えるわけです。そこに生まれたのが神仏習合思想なのです。

習というのは積み重なるという意味があります。習という字は上に羽がついています。だから、同じことを繰り返すことを習というのです。練習というのは、同じことを繰り返すことなのです。習は、同じ動作の重なりを指しているのですが、神と仏がただ重なり合っていて、同体化していない。後にはこの思想がもとになって、神仏融合まで進んでいきますが、そうなると、神だか仏だかわからないものが生まれるところまでいきます。この思想は、明治の神仏分離のときまで続き、神仏はまさに融合されていたのです。

四　仏教と神道の流れ

この神仏習合の思想のもとになったものに、本地垂迹説《ほんじすいじやくせつ》があるのです。本地というのは仏で、その現われは神なのです。仏が神となって現われるという本地垂迹説を説くようになります。

この本地垂迹説は、『法華経』の中に出てくる考えで『法華経』がもとになっているのです。これは詳しくお話ししますと、『法華経』の如来寿量品に、久遠実成の釈迦と、歴史上現実の釈迦の二つを説いています。久遠実成の釈迦というのは理想上の釈迦で、釈尊の理想の姿、それはいわゆる仏の教え、つまり法（ダルマ）です。それが現実の釈迦になって現われたのが、歴史上、現実の釈迦なのだという考え方です。久遠実成の釈迦は本地であって、現実に現われた釈迦は、歴史上の人物として具現した、人間としての釈迦だというので、これが垂迹になるわけです。そのような関係を神仏関係に当てはめるわけです。そうすると、本は仏だったけれども現実には神として現われたもの、こういう関係が本地垂迹説といわれるものです。

これを先ほどの権現に当てはめると、本地は仏様であったものが、権現として現われたのが東照大権現です。その本は家康ですが、家康は仏様にすると、これは後で話しますが、お薬師様なのです。薬師如来が現実には家康となって現われ、死んだ後には東照大権現として、神として祀られたのだという発想です。そういう発想を、仏教側が日本の神祇信仰と結びつけて出てきたのが、仏教側の神道なのです。これを仏家神道と呼んでいます。山王神道あるいは山王一実神道というのは、この仏家神道の一つです。そういう神仏関係の思想が、だいたい中世の頃に起こりまして、そして山王神道ばかりでなく、真言宗の方でも両部神道という神道が起こるのです。

そういうわけで、本地垂迹説を教理的に発展させて仏家神道が生まれ、その仏家神道に刺激されて、日本の神社側でも神道の教理を作らなくてはいけないということで生まれてきたのが、中世の神道思想なのです。その総結集として出てきたのが、吉田神道です。

吉田神道は室町期に生まれました。唯一神道とも称し、吉田兼倶《かねとも》という人によって初めて唱えられた神社側の神道です。この神道をよく調べてみると、いわゆる中世の神道というのは、今皆さんがお考えのような神道ではなくて、非常に仏教、中でもとくに密教を盛んに取り込んでいます。

それから、陰陽道《おんみょうどう》というのがあって、上代に非常に栄えた思想ですが、これは中国の易の影響を受けた陰陽五行という思想があって、その陰陽五行思想を日本的に発展させたものです。簡単にいうならば、占いをしたり予言をしたりすることが、この陰陽道です。この陰陽道の思想を取り込んで、日本の神道説というものを最初に作り上げたのが、吉田兼倶の唱えた吉田神道です。京都に行くと、京都大学のすぐそばに吉田山という丘があります。そこに吉田神社という社が祀られています。あれが、この吉田神道の本社に当たる場所です。

吉田神道は兼倶によって教説が作られました。だいたい室町の頃に作られて、日本の神道はすべてこの吉田神道の中に含まれるのだという、大変大きな構想を持っています。神社内に大元宮という社殿が特別に造られていまして、これは日本全国の神を祀っているところなのです。大元宮というのは、道教的な名前なのですが、道教の影響も受けている神道ですから当然で、これは八角形の建物です。中に入れませんので外からしか見られませんが、大変珍しい建物が建っています。そして、これが日本の神社の中心だというふうにいうのです。

このような神道がつくられ、それがやがて江戸時代になってくると、国学神道、復古神道とも呼ばれる、本居宣長とか平田篤胤などのいわゆる国学系の神道が起こったのです。国学はいわば復古学です。国学というのは、本当の日本の歴史の姿である神代の時代に戻れという復古学です。『古事記』とか『日本書紀』に書かれている神代の時代が、本来の日本の姿なのだ。日本の神の姿はそこにあるのだということをいうのです。これが国学です。この神道が、いわゆる仏教を排斥するのです。儒教も排斥します。それで、純粋に日本の神だけを考えていこうという神道になるわけです。現在の神社神道はこの系統になるのです。

もちろん江戸時代には、そういった復古神道もあれば、中世からずっと伝えられている吉田神道もあって、神道もいろいろあったのですが、明治維新の神仏分離によって、神道の中の異物は全部除いた方がよいとなり、神道は国学神道しか認められず、ほかは全部廃止されてしまったのです。それまでの神道は全部なくなり、国学神道だけが残ったものですから、それ以後、日本の神道は国学神道の流れだけが伝えられてきているのです。

そういうことで、神道の流れというのは、仏教が入ってくると、仏教の影響を受ける。仏教は日本の神とどういうふうに融合していったらよいか、習合していったらよいかということで本地垂迹説が生まれ、そして、仏教側の中に、日本の神をどうとらえていったらよいかという神道説が生まれてくるわけです。それに影響されて、中世には神社側の神道として吉田神道みたいなものが新しく生まれた。さらにそれが発展して、江戸時代になると、国学者によって唱えられた国学思想がもとになった国学神道が生まれる。こういう順序になってくるのです。おおざっぱですが、日本の神道史の流れは、そういうふうに理解していただければよいと思います。

五　大宮権現と二宮権現

前に戻って、仏家神道の一つである天台宗の神道とは一体どういうものか、それをまずみていきたいと思います。天台側の神道が、天海によって唱えられる山王一実神道につながっていくわけです。そこで、そのつながりのもとになった天台宗で行なわれた天台の神道、いわゆる山王神道をみていきたいと思います。

山王神道は、比叡山の山麓に現在ある日吉《ひえ》神社に祀られる神々を中心として行なわれた神道です。中心になる神は、大宮権現といわれているものです。その次に位するのが二宮権現です。昔はこの二つの神が中心だったのです。それは、つまり大比叡《おおびえい》と小比叡《おびえい》との二つの比叡明神です。伝教大師最澄の頃は、おそらくこの二つの信仰が取り入れられたのだと思われます。それにもう一つ比叡明神（聖真子）が加わって、山王三聖という形で、これは少し時代が下りますが、智証大師円珍の頃に盛んになった信仰に発展していきます。

少しややこしいですが、整理しながらお話しすると、その山王神道は今いったように、比叡山の麓にある日吉神社を中心に行なわれた神道説ですが、その神社の中心になるのが大宮権現です。この大宮権現はもともと大比叡明神と称せられたものですが、後には天台の教理の中に取り込まれて大宮権現と称せられます。この神の本籍をたずねると、奈良県に三輪山がありますが、あそこに大神《おおみわ》神社という立派な、日本の発祥の地といわれる古い神社があります。そこに祀られている大三輪明神という神がありまして、この神様を比叡山の山麓に移したのが大宮権現といわれています。

いつ頃比叡山の山麓に移したかというと、これは天智天皇が都を近江、今の大津に遷します。それまで都は飛鳥の方にあったのですが、それを近江の都に遷したのです。そのとき同時に大三輪の神を比叡山に招いたといわれています。

それはなぜかというと、飛鳥にいたときに、飛鳥の天皇の守り神として尊崇されたのが、この大三輪明神なのです。大三輪明神というのは、ちょうど今の奈良県の桜井市のすぐ東北のところにある山、つまり三輪山を御神体として祀っています。山麓のところに開けているのが、少し西南の方になりますが、飛鳥の都です。だから飛鳥に都した天皇たちは、自分たちの守り神はあの山の神だという信仰があったのです。大三輪の神は、天子を守る守護神なのです。ですから天子が都を移せば、当然その神も一緒についてこなくてはならないわけです。だから、天智天皇が都を近江に遷したときに、大三輪の神が比叡山に勧請されたというのです。それが今、比叡山麓に祀られている大宮権現なのです。

では、もともと比叡山の山麓には神はいなかったかというと、いないわけではないのです。もともと比叡山には土地の神、つまり地主神がいたのです。大山咋神《おおやまくいのかみ》という神が、本来は比叡山の地主神です。この神は『古事記』に出てきますから、確かなことだと思われます。土地の神として大山咋神が祀られていると記録されていますから、これは間違いないと思うのです。それが地主神なのです。

普通、地主神がいて、地主の神がいるところにほかから別な神がやってくると、外からやってきた神の方が力が強いので、どうしても地主神は次の地位に押しやられてしまいます。だから、大宮権現がやってくると、地主神だったものが地位を下げて、二宮になるのです。

六　山王三聖信仰

おそらく最澄が比叡山を開いた頃は、そういう形の信仰があったと思います。それが時代が下って、だんだんと山王神道の神道説も整備されてきます。先ほどいったように、円珍の『制《せい》誡文《かいもん》』の中に、山王三聖、いわゆる大小比叡明神と比叡明神、これは後には大宮と二宮、そしてもう一つ聖真子ですが、この三神を祀った山王三聖信仰に発展していくのです。それが円珍の頃です。

円珍の『制誡文』は、自筆のものが現在、園城寺（三井寺）に遺っています。三井寺は智証大師円珍によって中興されています。比叡山の山門に対して三井寺は寺門と称しますが、この寺門の繁栄を築いたのは智証大師円珍です。この人の自筆本が現在、三井寺に遺っています。智証大師は大変達筆な方で、その文首のところに大比叡、小比叡、そして比叡の三聖が出てくるのです。それから察しても、円珍の頃には三柱の神を祀った信仰があったことがよくわかるわけです。それで山王三聖信仰の完成された形が知られるわけです。

大比叡の神、すなわち大宮の本地仏は釈迦となっています。小比叡の神、二宮権現の本地仏は薬師如来になっています。それから、比叡明神の、つまり聖真子の本地仏が阿弥陀如来となっています。それぞれ釈迦、薬師、弥陀という仏様を本地仏として祀り、その現われとして大宮権現、二宮権現、聖真子という神が比定されているのです。この三つの仏は現在、比叡山の三塔と称せられる東塔、西塔《さいとう》、横川《よかわ》の三つの地域の中心になる仏にぴったり合うのです。

三塔の中心となる仏様というと、東塔は根本中堂で薬師如来が本尊です。西塔は釈迦堂が建っていて、いうまでもなく本尊は釈迦です。横川は本来、観音様が中心だったのですが、後に阿弥陀信仰が盛んになって弥陀中心になります。だから、この山王三聖の神と比叡山の三塔の本尊が、本地垂迹の関係でぴったり合うのです。そういう教義上の符合が、きちんとなされている。つまり天台の教学と、山王神道の教理がぴったり合うようになっています。

この山王三聖信仰は、先ほど言ったように、円珍の頃にほぼ確立されたと思われるのですが、これが後もずっと引き継がれて、後の人たちによってきちんと守られています。元三大師良源という方がおりますが、その良源の事蹟を記録した『慈恵大僧正拾遺伝』の中で、良源は山王三聖信仰をきちんと守っていけということをいっておりますから、後々にまで引き継がれていくのです。

七　山王神道の教理

山王三聖信仰がどういうものであるかということがわかってきたと思いますが、そこで今度は、その神道説の教義が問題となります。その神道説を形づくる教義は、当然あってしかるべきです。その教理は一体何か。

山王神道の教理は天台宗の教理とまったく同じと考えてよいと思います。いわゆる『法華経』が中心で、釈迦信仰が中心になります。やはり天台宗の教理を、山王神道は引き継いできているわけです。したがって釈迦が中心になります。釈迦を中心にしていわゆる山王三聖は祀られているのです。大比叡明神、つまり大宮の本地仏は釈迦如来です。その両脇に二宮と聖真子、すなわち薬師如来と阿弥陀如来が配されていることになります。この配置は天台宗の教理が根本になっているのです。

その山麓にある日吉神社と山上の比叡山延暦寺は、表裏一体だということはいうまでもないと思いますが、こういう関係が山王神道書で論ぜられるのは鎌倉時代に入ってからです。その頃になると山王神道に関する著作が出てくるようになります。つまり『耀天記《ようてんき》』『山家《さんげ》要略記《ようりやくき》』『渓嵐拾葉集《けいらんしゆうようしゆう》』などがそれです。

それから、慈遍の書いた『天地神祇審鎮要記《しんちんようき》』という著作があります。慈遍は兼好法師の兄さんではないかと思われ、この人は吉田家の出です。吉田家の出なのですが、後に比叡山で坊さんになって勉強するのです。ですから、もともとは自分の家柄が神道の家柄ですから、山王神道のことについていくつかの著作を残しています。この『天地神祇審鎮要記』でも、山王神道の教義が天台宗とどのように表裏一体になっているかということを、諄々と説いているのです。

天台宗の中には、山王神道という一つの仏家神道の流れがあったわけです。その神道を土台にして天海が唱えたのが、山王一実神道です。

八　天海のつくった山王一実神道

天海の神道である山王一実神道に話を移していきます。この神道の名は、いろいろ調べてみたのですが、江戸時代以降でなくては出てきません。ということは、江戸時代以前には生まれていなかった神道だといえると思います。山王神道という名前も、そう古くは使われていないのですが、これはちょっと問題が別になりますからここでは省略します。

山王一実神道という神道名は、江戸時代以前にはまったく使われていないといっていいと思うのです。ということは、これはどうも天海が自分で唱えた神道だということになってしまうのです。そうしないと、天海以外の人がもしいったとするならば、天海以前にあってもしかるべきでしょうが、それがないのです。だから、天海以後といえると思います。それも天海の書いたものの中に、初めて山王一実神道を想わせる言葉が登場します。そこからみると、どうも山王一実神道は、天海が唱えた神道だといえるかと思います。

ほかの史料からも、そのことは証拠立てられるのです。天海の神道を継承したといわれる戸隠山の乗因という人がおります。その乗因は長野県の戸隠山の別当だった人ですが、この乗因の著作に『転輪聖王章内伝《てんりんじょうおうしょうないでん》』という本があります。もう一つほかに『御相承秘記』という書物があって、『御相承秘記』の文中にこういうことが書いてあります。「一実神道と申すは、慈眼大師師資相承を専らとならせられ、御一生工夫の法門」である。つまり慈眼大師天海が、自分の一生の間に工夫してつくった教えだということです。

この乗因という人はたいへん変わった人でした。乗因は戸隠の別当になったのですが、もとは上野の寛永寺一山の住職だった人です。輪王寺の法親王の宮から命ぜられて、戸隠の別当として派遣される。ところがそこへ行って、乗因は、山王一実神道のことをいろいろ勉強したりその関係の書物を書くのですが、それがだんだん昂じて、独特の神道をつくり出すことになるのです。修験一実霊宗神道というのがそれです。

修験とあるのですから、この神道には修験道が入っています。一実は山王一実の一実でしょうが、霊宗は、『大成経』という経典が出典です。『大成経』とは、『旧事本紀《くじほんぎ》』をもとにし、それに宗教的な注釈を加えたものです。これはいわゆる神道系の教えになるのですが、その『大成経』の中にこの霊宗という言葉が出てきます。ですから修験一実霊宗神道というのは、修験道と山王一実神道と、それから『旧事本紀』をもとにした『大成経』の三つを一緒にした神道です。そういう神道をつくり上げたのです。

ところでこの神道は、とくに修験を一番上につけて、修験に力を注いだのです。修験は、日本の道教と言われるくらいで、非常に道教的なものなのです。これからも推察されるように、乗因はいわゆる道教に凝ってしまって、経典として『老子』を重視しています。

戸隠の史料は、実は明治以後は戸隠神社の神主さんのところにあったのです。私が見に行こうと思って照会しましたら、残念ながら焼けて全部なくなってしまったみたいです。今は残っていないので、辛うじて写真版でしかわれわれはみることができないのですが、そこに残っている乗因の残した神道の経典類をみると、一番最初に『老子』が出てくるのです。『老子』の思想は、後に神仙思想へと発展してくる。その『老子』の思想を発展させて宗教的にしたのが、中国の道教です。この影響を受けて、乗因は、自分のことを一実道士と呼んでいます。道士というのは道教の坊さんのことです。署名するときに自分のことを「一実道士」と署名するのです。それほど凝ってしまいました。

さらには、戸隠に道教の寺、つまり道観を建てようとしました。上清宮という道観を建てようとしたのですが、これは実現しなかったようです。むしろ彼は生祠、生きている間にお墓をつくってしまうのです。これは現在でも残されていると思います。そのお墓には一実道士という名前を入れて、道教の坊さんとしてこのお墓を建てています。

道教に凝ったとなると、乗因を戸隠に派遣した輪王寺の法親王宮の権威に関わります。ですから当然、乗因は解任されます。しかも島流しになってしまうのです。それで八丈島に流されて死んだことになっています。乗因は天海の山王一実神道の系統を継ぐ人だったのですが、途中から脱線してしまったのです。

そんな乗因ですが、この山王一実神道は天海が自分で苦労してつくられた神道だと、ここでも明言しているわけですから、それでもわかるとおり、天海によってつくられた神道だということがはっきりすると思います。その山王一実神道は、一体何のためにつくられたかということです。それは最初の話に戻りますが、家康公を東照大権現として日光に遷し祀るときに、いかなる神道によって祀るべきか、そのときの神道、つまり家康を祀るためにつくった神道ということができるわけです。

九　東照三所大権現とは

しからば、天海は東照大権現を祀るときにどういう祀り方をしたかというと、東照三所大権現として祀られます。もちろん中心は東照大権現です。その両脇に山王《さんのう》権現と摩多羅神《またらじん》という神を祀っているのです。山王権現は天台宗の山王神道の神ですから、これはいいと思うのですが、摩多羅神がどうしてここへ祀られたのか。これは私自身も今もって解決できない問題です。摩多羅神がなぜ祀られたかがわからないのです。

摩多羅神とはどういう神様かというと、得体の知れない神様で、よくわからないところがたくさんあります。ただ一ついえることは、摩多羅神はもともとインドの神らしく、山王権現はこの摩多羅神が本地であるといわれているので、そんな関係で祀ったのではないかと推測しています。

またこれは本当かどうかわかりませんが、慈覚大師円仁が中国から日本に帰るときに、航路の平安を祈って、摩多羅神がお前のことを守ってあげようといって船の中に現われたといわれている神様なのです。そこで円仁は、摩多羅神のそういう恩恵を受けたということで、自分は摩多羅神のために祠を造らなければいけないと、生前ずっと考えていたようですが、亡くなるまでにそれを造ることができなかったのです。円仁は遺言して、摩多羅神のために祠を造ってくれるよう、といい遺していったのです。それで造られたのが、京都の赤山明神であるという伝承があります。

さらにこの摩多羅神は、画像では鼓を打っている姿です（二五五頁写真参照）。唐冠をかぶり狩衣を着けて鼓を打っています。その前に童子が二人いて、この二人は踊っている姿です。その二童子は手に笹と茗荷を持っています。そして、画像の向かって右側には、茗荷の絵が描いてあります。笹と茗荷が、摩多羅神の神についている持ち物なのです。また画像の上部には北斗七星が描いてあって、北斗信仰が認められます。

日光に常行堂というお堂がありますが、摩多羅神はそこに祀られています。それは、常行堂で修行する弥陀信仰の行者の守り神ということで祀られております。だいたいどこの常行堂でも、この摩多羅神が祀られていますが、それは今いったように、常行堂は阿弥陀如来を本尊として祀ったお堂なので、したがって弥陀信仰の道場になっていますから、行者の守り神として祀られています。

東照三所大権現の本地仏ですが、東照大権現は薬師如来です。家康公は薬師の生まれ変わりだといわれています。山王権現は、先ほどいったとおり叡山の教学の中心は『法華経』ですから、仏にすれば、釈迦如来です。摩多羅神は阿弥陀如来です。別な面からみてみると、東照大権現はいうまでもなく家康のことです。山王権現は釈迦如来であると同時に、また天海です。家康をそばで守っているわけです。摩多羅神は阿弥陀如来で、しかも藤堂高虎だといわれているのです。そんなことで、東照三所大権現は本地に配当しますと、中心の東照大権現は薬師で、両脇が釈迦、弥陀と配されたわけです。

天台では山王神道があって、山王神道を土台にして天海が山王一実神道を創唱したのですが、そうすると、その山王神道で祀られている山王三聖と、山王一実神道で祀った東照三所大権現とを、どのように調和させていったのかというと、教理上天台の教学ならば、山王神道の教説も、山王一実神道の教説も一緒でなくてはおかしいわけです。山王三聖の方は釈迦が中心になっていますが、東照三所大権現の方は中心は薬師になっています。釈迦と薬師が入れ替わっています。しかし、これをきちんとしないと教理上困るわけです。

それはこの薬師も釈迦も弥陀も、すべて同体だということをいうのです。これは『東照宮御本地供』というものがあって、その中で釈迦、薬師、弥陀の三仏は同体だといっているのです。きちんとそういう理由づけがなされているのです。そうすると、これですべて解釈してしまいます。日吉と日光の祀り方が若干違っているけれども、その差異はこれで全部解消してしまうのです。

そんなことで、天海はきちんと天台宗古来の山王神道をふまえて、天海独自の山王一実神道を、ここに築き上げてきたということがいえると思います。

余談になりますが、日光東照宮の祭礼に三つ御輿が出てきます。三つ御輿とは、東照大権現と山王権現、摩多羅神の御輿なのです。御輿に紋が付いていますので、大祭のときにご覧いただくとわかりますが、東照大権現の御輿には葵の紋が付いています。山王権現の御輿には巴の紋が付いています。摩多羅神の御輿は、これは先ほど摩多羅神の画像で触れた抱き茗荷の紋です（二四四頁写真参照）。ですから東照三所権現は、東照大権現を中心に山王と摩多羅神の三社だということが、御輿の紋からもわかると思います。

だいたい今お話ししたところまでで、山王一実神道が天台宗の神道である山王神道にもとづいて、それを天海なりに独自に教説化して、家康を祀るために創唱された神道だということはおわかりになったと思います。その教理を説いた本が、天海の『東照大権現縁起』（真名《まな》）です。

十　「神道の一軸」

『東照大権現縁起』は、真名縁起と仮名縁起との二つがありますが、真名というのは漢文で書いてある縁起です。『東照大権現縁起』（真名）は、巻上、巻中、巻下の三巻からできています。巻上は寛永十二年に作られたもので、一番最初にできたのです。巻中、巻下は寛永十七年に作られています。寛永十七年という年は、ちょうど家康の二十五回忌に当たる年なのです。この年に全巻完成するのですが、それより以前に巻上だけが作られています。

また『晃山拾葉』という書物がありまして、そこでは『縁起』の巻上、巻中、巻下の順序がまったく逆になっています。しかも、『晃山拾葉』の方では、『縁起』の巻上が『東照宮記』という書名になっていて、『東照大権現縁起』という一つのまとまった書名はついていないのです。別に作られて、別に行なわれた撰著として残っています。巻中、巻下の方は『真名御縁起』という書名で収載されています。

ここで注意しておきたいことは、『東照宮記』といわれている巻上が作られたときの事情を、天海の伝記によってみてみると、こう書いてあります。これは『東源記』も『諶泰記』も同じような記録になっていますが、「寛永十二年『東照宮記』を記す」、まさにこのとおりです。そして、これを「神道の一軸」といっているのです。「宸翰を仰いでもって、巻頭と成す」というのです。第一巻は天皇が自分でお書きになった真筆です。そして、「神道の一軸」といっています。これはちょっと見逃せない記事だと思うのです。

というのは、今の縁起の巻上、いわゆる『東照宮記』をみると、その中に山王神道のいろいろな史料を挙げています。その中には天台宗の高僧たちのいろいろな記録と伝えられるもの。どうも偽書らしく後から作られたものだと思いますが、そういうものを引用して山王神道の教説を述べています。そして、最後の山王一実神道の教義に及んでいるのですが、ここに説かれていることは、家康公を神として祀る神道の根本はどこにあるかというと、それは天台の教えである法華一実の教えにあること、そしてそれがもとになったのは、天台の神道であることを強調しているのです。

そして巻上の文中に、『相承秘釈』にいうといって、「山王一実」という言葉が出てきます。ところで、『山王秘決』という本には、一実山王という上下逆になった言葉で出てくるのです。内容は、もろもろの権神をすべて統合して、この一実山王の中に包み込むという意味で書いてあるのです。『山王秘決』という本は、鎌倉の中頃に、智信という人によって著わされた書物なのです。

天海が『東照大権現縁起』巻上を書いたとき、『山王秘決』から取った文であるとはいっておりませんが、今は『山王秘決』からの文だということがわかったのです。そこでは一実山王という文言でしたが、天海は山王一実というふうに逆に用いています。これが山王一実神道の名前のもとだったのです。

『縁起』の巻上に書かれている山王一実の意味は、これは山王一実神道の教義の真髄のことだということで、この巻上を、天海の伝記の『東源記』とか『諶泰記』では、「神道の一軸」といったのだろうと思うのです。たいへん大切な書物だということになると思います。

十一　「東照」とは何か

次に神号の東照とは一体どういう意味があるかということです。これは先ほどからいっておりますように、家康公の本地は薬師如来です。薬師如来の本地が人間として現われれば家康公、それが神として現われれば東照大権現だという話をしてきました。この薬師如来は、詳しくは東方薬師瑠璃光如来というのです。「東方」とあることでわかる通り、薬師如来は東の方にいる仏です。

仏にはそれぞれの浄土があります。有名なのは阿弥陀如来で、西方十万億土のところに極楽浄土があるといいます。阿弥陀如来の浄土は西方極楽浄土です。観音はどこかというと、南です。南の海上に補陀洛山という山があって、そこに住んでいるというのです。

弥勒はどこかというと、地上から離れたところに兜率天《とそつてん》というのがあります。そこが弥勒の浄土といわれています。聖徳太子が亡くなられた後、聖徳太子の后の一人だった橘郎女《たちばなのいらつめ》が、聖徳太子はたぶん、死後、天寿国というところに生まれ変わったであろうということで、有名な天寿国繡帳をつくっています。天寿国はどこにあるかというと、通説では弥勒の浄土といわれています。ほかに無量寿国で、それは阿弥陀如来の浄土だろうという説もあるのですが、だいたい弥勒の浄土といわれています。

薬師は東方が浄土です。だから東方という名前がついています。東照というのはそこから出てきているのです。「東に照っている仏」だから東照という神号がつくのです。東照のほかにいくつか候補が挙がりました。日光や東光という神号の候補もありましたが、東照に落ち着くのです。東に照っている仏だから、薬師如来が本地だから、東照の神号を家康につけた。そこで話が終わっているならいいのですが、私はもう少し深い読みがあったのではないかと思います。

東に照っているのは太陽でしょう。太陽は東ばかりに照っているわけではありません。だんだん動いていきます。動いてきて真上に来れば天照になってしまう。天照大神は天皇家の祖先神でしょう。まさか天照という名前はつけられない。だから、遠慮して東照とつけているけれども、腹の底では天照と同じ意味を持たせているのだと思います。

徳川家が天下を支配するぞという勢いが、そこに現われていると思うのです。天皇家に代わって徳川家が天下を支配する。その神様として家康公を祀るんだと、おそらくそういう腹があったのだろうと思うのです。そういう意気込みがなければ、このような神号は出てこないだろ

う と思うのです。徳川家は源氏の流れを汲んでいますから、関東に勢力を持っている。だから、関東だけ、東の方だけに力を持つ神であってほしいというのは、表立った理由だと思います。腹の底は、何も関東だけではない、日本全国の制覇という意気込みがあったのだろうと思うのです。

十二　徳川幕政のための神道

それでは家康を祀った山王一実神道とは、どういう特色を持っていたか。今いったように、徳川家が天下を支配しようという意図を秘めた神道であったこと、これが特色の一つです。この神道は、また徳川将軍家のための現世安穏、それから後生善処、死んだ後に極楽浄土に生まれたいという願望があった。乗因の『山王一実神道口決御相承秘記』では、山王一実神道は、子孫繁栄と国家安寧を祈る万世不易の大法であるといっているのです。子孫繁栄ということは、徳川家がいつまでも続くことを願う。そして、国家安寧ですから、徳川幕政がいつまでも続くこと、つまり幕府政治がいつまでも続いて、日本国を安泰にしていくことを目的とした神道です。賢曉の『和光再暉』をみると、やはり似たようなことをいっています。俗諦常住、治国利民のための神道だというのです。

つまり、この神道は、教義的には天台宗の教義をもとにしていますが、つまるところは治国利民の政治のための法だといえるかと思うのです。また徳川家の子孫繁栄、将軍家がいつまでも続くこと、そして徳川幕政の体制維持を願う神道でもあった。だから家康公を死後、神として祀って、東照大権現として崇める。山王一実神道にあっては、神となった家康は、東照神君として長くその威光を示し、徳川幕府が天下を掌握することと、将軍家の永遠の繁栄を図る目的で崇められた神であったと思うのです。

長々とお話ししてきましたが、家康は天海なくしては東照大権現として、東照宮に祀られることはなかっただろうと思いますし、また天海は家康に見出されなかったならば、徳川将軍家あるいは幕府のために、万世に残るような業績を残すことはなかったろうと思います。

この二人を結びつけているのが、いうまでもなく天海創唱の山王一実神道である、ということがいえるのではないかと思うのです。

Ⅳ 日光山の信仰と文化

日光山の信仰と文化財

日光というと、だいたいの方が東照宮ができてからと普通は考えてしまうようです。日光といえば東照宮、東照宮といえば日光ということで、そうお考えになると思うのですが、そうなると、日光は江戸時代からとなってしまうわけです。しかし実はそうではありません。皆さんそういうことはよくご存知だと思うのですが、もっと古くから開かれております。日光は奈良時代に開けております。天平神護二年（七六六）の開山です。

その頃の日本はどういう状況にあったかというと、奈良の都で道鏡などが活躍した頃です。天皇でいえば称徳天皇（聖武天皇の皇女）の時代です。その頃に日光山は勝道《しょうどう》上人によって開かれました。勝道上人は日光に来て、さらに日光の山々に登って、日光を開いたということになっています。山々で修行する、そういう修験《しゅげん》の世界。それは山岳《さんがく》抖擻《とそう》、山を駆け巡って修行している時代だったのです。奈良時代の日光山ではそれが中心だったと思われます。

その時代の信仰の形態というと、日本は神々の国、神のいます国だということになっており、

鋳銅半肉千手観音像
（重文　日光山輪王寺蔵）

それが古代信仰として土着の信仰にあります。その上に仏教の信仰が重なってくるのです。日光の場合、やはり神々の信仰は山岳信仰とつながります。山の信仰、日光の場合は二荒山《ふたらさん》つまり男体山と女峰山を組ませ、これが夫婦の神様になります。そして御子神として太郎山があります。この三山が日光の山岳信仰の中心となって、やがて平安時代になり神仏習合思想が入ってくると、仏との関わりができてきます。

この三山信仰を日光三所権現と称するのですが、その日光三所権現の中心となる二荒山が、つまり二荒権現です。女峰山が瀧尾権現、太郎山が太郎権現と、山を神格化していきます。その場合に中心となる二荒山は、やがてどういう仏様と習合するかというと、千手観音と習合するのです。これで本地仏は千手観音だということになります。そうなると、その背景には観音信仰があるわけです。観音信仰が日光の信仰の中心にまず起こったと考えてよいと思うのです。

ですから、勝道上人が中禅寺に登って、今の中禅寺、いわゆる立木観音堂に安置してある立木観音を彫られたという伝承になってくるのです。その立木観音はまさに千手観音なのです。

立木のままに千手観音を彫られたということで、立木観音と称しています。これが中禅寺の御本尊なのです。

さらに山岳信仰の人たちの信仰の対象になったのも、やはり千手観音です。鋳銅半肉製の千手観音像が現存しています。技術的に大変優れているそうです。古い時代は観音信仰が中心で進められてきたと考えてよいと思います。

平安時代に活躍した慈覚大師円仁の坐像があります。この慈覚大師円仁が日光に来たと伝えられています。慈覚大師は下野の生まれです。今でいえば栃木の壬生あたりといわれていますが、どこで生まれたかはいろいろ問題のあるところです。後に叡山などに行ったりして修行し

日光三所権現像（重文　日光山輪王寺蔵）

ますが、日光に来て、日光に初めて天台の教学を植えつけることになるわけですが、そのときに、いわゆる日光三所権現の本地仏を祀っています。

権現というのは、権は仮という意味です。現は現われです。だから、仮に現われたもの。何が仮に現われたかというと、仏様です。仏様が仮に神の姿になって現われたのが権現です。したがって日光三所権現も、そのもとになる仏様が当然あるはずです。日光三所権現は千手観音、これが男体山の本地仏、阿弥陀仏、これが女峰山の本地仏、馬頭観音、これが太郎山の本地仏です。こういうふうに当てて、平安時代の神仏習合思想をもとにして、日光山が神と仏とをこのように結びつけているわけです。こういう観音信仰が奈良朝から平安朝まで及んでいるのですが、やがて平安時代になって、後期から鎌倉時代に入っていくと、日光の信仰に弥陀信仰がかなり強くなってくるのではないかと思うのです。

弥陀信仰というのは、阿弥陀如来の浄土である西方極楽浄土を求めて、そこに往生を遂げるということです。比叡山においては、円仁が中国からその弥陀信仰と念仏を伝えておりますが、盛んになるのは恵心僧都のときです。恵心僧都が叡山浄土教を盛んにしまして、それがもとで、鎌倉時代になって法然とか、親鸞の浄土宗、浄土真宗が開かれることになるわけです。その根源は叡山なのです。

その根本の叡山の浄土信仰、いわゆる西方極楽往生を願う弥陀信仰が日光にも影響を与えて、慈覚大師円仁が日光にも来たことの因縁から、だんだん日光も弥陀信仰が盛んになってくるのです。その一つの流れとして、久安元年（一一四五）日光に常行《じょうぎょうどう》堂が創建されます。大猷院の仁王門手前に二つ堂があります。二つお堂が並んでいるので二つ堂といいます。左手が常行堂、右手が法華堂です。間を廊下でつないでいます。叡山の場合は、それが担う格好にみえるので、担い堂といっています。

そういうわけで常行堂が建てられるのですが、現在の常行堂は江戸時代になって、東照宮が日光につくられたときに、一度二荒山神社の前に移ってから、家光の頃に現在の地に移建されました。もともとはどこに建っていたかというと、今の東照宮のところにあったのです。今の東照宮の表門（仁王門）を入ったすぐのところにありました。

三仏堂の三仏の真ん中、それは阿弥陀仏なのです。先ほどいいましたとおり、男体山を中心として考えれば、当然、千手観音が真ん中にこなくてはいけないわけですが、ここへ来て、阿弥陀仏が真ん中になっています。三尊形式となると、並べ方は真ん中が普通は中心になる仏です。なぜここに阿弥陀仏が来ているのでしょうか。

中世の絵図には、昔の常行堂と法華堂が描かれています。創建当時を偲ばせる昔の場所です。中世の日光山を描いた『日光山縁起』があって、その常行堂、法華堂の場面も、やはり今の東照宮の三神庫あたりに描かれています。

この常行堂というのは一体どういうお堂かというと、常行三昧といって、お堂の真ん中に祀られている阿弥陀仏の周りを、弥陀の姿と極楽浄土の美しい様子を記した『阿弥陀経』を唱え

延年舞　(『日光山縁起』六巻本　日光山輪王寺蔵)

ながら、ぐるぐる廻る法儀を行なうお堂です。常に歩いているものですから、常行です。常に廻り動いているのです。これが座禅となれば常座になるわけです。常座三昧といって、これは座禅のことになります。このように常行堂には、その中心に阿弥陀仏が祀られています。だから、そこにはやはり弥陀信仰があるのです。

その常行堂の中の右隅に摩多羅神という神様が祀られています。この神は、弥陀信者を守護するといわれる神なのです。この神と延年舞《えんねんのまい》は関連があって、日光では摩多羅神の神事として延年舞が舞われているのです。延年舞の衣装は、緋の直垂に白の大口袴、そして白五条で頭を包む姿になります。中世の頃は能の形式で行なわれていたらしいのですが、今の姿は変わりまして、倶舎舞というのがありますが、そこから派生した大衆舞いの姿ではないかと思われます。上座と下座《げざ》の二人で舞う日光の延年は独自なものです。

この常行堂は、今いったように阿弥陀信仰の中心の場所であるわけです。それが中世の日光山の中心的場所にあったということです。ですから中世の日光は弥陀信仰が盛んだったといえます。それと同時に、修験の方も開山勝道上人以来の山岳修行を伝承しているといえるかと思います。

中世の、やはり弥陀信仰に関係すると思われるのが、中尊寺経です。これは年号をみると大治四年というのですから、清衡公の三回忌に当たります。三回忌のときに写経されたものだろうと思うのですが、八巻あります。

お経の話が出たので、それに続けていっておきますと、国宝の『大般涅槃経集解《だいはつねはんぎょうしゅうげ》』があります。奈良時代のものです。これは慈眼大師天海大僧正のコレクション、つまり天海蔵の中にあったもので、現在は国宝になっております。奈良時代の写経の特色がよく出ています。同じく天海蔵のもので、『成唯識論述記《じょうゆいしきろんじつき》』という、『唯識論』の方では大変大事がられた書籍があって、全二十巻中、十二巻を存しています。唐の窺基《きき》の撰述で、『唯識論』の注釈書です。

ここで、中世の法儀についてお話ししますと、大念仏会、さらに庭立法儀、蓮華会という法会がありました。この法会ですが、大念仏会はどんなことをやったのか、現在は滅んでしまってわかりません。しかし『常行堂大過去帳』が残されていて、これは重文に指定されていますが、そこに釈迦以来の歴代の高僧・名僧が列記されています。もちろん日光関係の歴代の方々も列記されていて、その名前を唱えながら念仏をする行事と思われます。これは現在滅んでしまって行なわれていませんが、八月に一週間ほど続けて行なわれる法会です。庭立法儀も蓮華会も似たような法儀で、大念仏会のプロローグです。庭立法儀は七月、蓮華会は六月に行なわれます。だから、大念仏会に向けてのプロローグとしての念仏の法会がずっと行なわれて、ピークが八月に来るわけです。

そのような大行事が滅んだのはなぜかというと、慈眼大師天海が日光山に入山したからなのです。東照宮が日光に鎮座されて、そこに天海が日光山の貫主として入山しまして、日光の法会は天海主導の法会に切り替わったのです。天海によって、それまでの法会は中断されたことが記録に残っています。おそらく中世から江戸時代までに伝承されてきた弥陀信仰が、そういうわけで途絶えたのではないかと思います。

幸いなことに延年舞とか強飯式が残っていますが、強飯式もいつ始まったかよくわからなくて、中世頃から行なわれていた形跡があると思うのです。これは割に修験関係に関連づけて行なわれた行事だと思います。ともかく弥陀信仰中心だった法会がなくなったのは、どうも慈眼大師天海によって廃止されたからなのです。わずかに延年舞などが残っておりますが、形は変わっています。

江戸時代になるとどういうふうに変わったかというと、日光三所権現中心の時代から、今度は東照三所権現中心の時代に変わっていくのです。日光三所権現がなおざりにされたわけではなく、家康公を神格化した東照大権現中心になったのです。東照宮は東照大権現を中心に、右に山王権現、そして左に摩多羅神を祀っています。

東照大権現の本地仏は何かというと薬師如来です。東照宮境内に薬師堂があります。つまり本地仏を祀ったお堂なのです。山王権現は、叡山の山麓の日吉山王です。山王権現即ち日吉大宮権現の本地仏は釈迦なのです。摩多羅神については、先ほど触れたように摩多羅神の祀られている常行堂は弥陀信仰の道場です。だから本地は阿弥陀如来です。そうすると東照三所権現の本地仏は、薬師、釈迦、弥陀の世界になってくるのです。

さらに家康の孫に当たる徳川家光を祀る大猷院の本地仏は、釈迦なのです。瀧尾権現の本地仏弥陀を加えると、薬師、釈迦、弥陀となり、これは比叡山の三塔の中心の仏様と同じになるのです。叡山の東塔、根本中堂には薬師如来が祀られています。西塔は釈迦堂ですから、当然釈迦です。横川《よかわ》は恵心僧都が浄土教を唱えたところですから弥陀信仰です。天海は、日光に叡山を写しとった形を再現しようとした、と私は考えているのです。ですから、薬師、釈迦、弥陀となるわけです。弥陀信仰ばかりでなく、薬師信仰と釈迦信仰とが加わったのです。したがって、今までの弥陀中心の信仰がそこで変化したと思うのです。天海がそういう形で日光というものを再構築された。それが現在の形になっているのです。

それでは、それ以前の日光三所権現の信仰はなくなったかというと、必ずしもそうではありません。現在も日光三所権現の中心である二荒山神社があります。ですから日光の信仰は、二

徳川家康画像（夢の画像）
（重文　日光山輪王寺蔵）

つの信仰が重なっていると考えてください。開山以来の日光三所権現の信仰、これはだいたい観音信仰を中心にして、やがて弥陀信仰に変換していくという信仰です。それから、江戸時代になって東照宮ができてから、東照三所権現が生まれて、そこに比叡山をまったくコピーしたような形の日光山が生まれて、これが江戸時代以降の東照三所大権現を中心とする信仰です。この二本立てで日光は来ているのです。

それにまつわるいろんな宝物類が残っています。江戸時代になって、家康公とか家光公の年忌に、宮中から天皇や公卿などが写経した経典が奉納されます。これは禁裏御贈経といって、すべて寺に納められています。立派なそして豪華な経巻が、金蒔絵のすばらしい箱に納められています。経巻にしろ経箱にしろ、現在つくろうと思っても、最高の技術でないとできないし、また経巻一本、経箱一つとっても、一体いくらするかわからぬような立派なものです。

それから東照宮を寛永の御造営といって、家光公によって今のような立派な建物に立て替えたとき、舞楽が奉納されています。そのときの舞楽衣装（重文）が残っています。寛永十三年（一六三六）のときのものですが、その年はまた家康公の二十一回忌でもあったのです。また舞楽屏風もあって、今もその舞楽の全部の衣装がそろっています。これら古い舞楽の衣裳が全部そろっているのは、高野山と日光だけなのです。

　また重要文化財に指定されているもので、家光公が夢でみた家康公の姿を狩野探幽に描かせたという、いわゆる「夢の画像」が全部で七幅あります。生前の家康公を忠実に写した肖像画として重要なものです。

　さらに天海大僧正は大変な書物のコレクターでした。天海蔵と称する書庫があって、その中には天海が集めたものばかりではなく、奉納になったもの、あるいは天海以後、奉納になったものもあります。その中で有名なものは、明末、淩濛初の『拍案驚奇《はくあんきょうき》』という、中国の通俗短編小説集です。初刻の姿を伝える貴重本で、世界にこれ一つしかないものです。ただ天海蔵にあるだけの孤本です。また、明の『金瓶梅詞話《きんぺいばいしわ》』も貴重本で、『金瓶梅』刊本の現存最古のものです。『神皇政統記』（『神皇正統記』）の輪王寺本といわれているものもあり、白山本より古いとされています。北朝方の手が加わった本といわれています。こういう大変珍しい典籍が天海蔵のコレクションの中にあって、われわれ日光山ではそれをずっと守り続けております。

「二世権現」家光公

一　大猷院の名称

平成十二年四月二十日は家光公の命日でして、ちょうど数えて三百五十年ということで、いろいろな行事が行なわれています。

家光公は亡くなってから、「大猷院《たいゆういん》」という、朝廷から法号を下賜されております。輪王寺の三代廟大猷院に、家光公は葬られております。その「大猷院」とはどういう意味かというと、「猷」は、「はかりごと」とか「道」という意味があります。はかりごととは政治のことで、大猷とは大きな政治をなし遂げたという意になります。また道という意から、大猷とは大きな道という意味になります。したがって大猷には、大きな政治の仕事をなさった方、あるいは立派な政道をなし遂げられた方という意味があるわけです。ですから、大猷院という名前が諡としてつけられたわけです。もともとこの言葉は、中国の古典の一つである『詩経』小雅巧言の中に出てくる言葉です。まさに家光公の生前の業績に合った諡だと思っております。

家光公は亡くなる直前に遺言して、自分は死んだならば日光に葬ってくれということを申します。それも祖父である家康公、東照大権現のそばに葬ってくれと。しかし家康公の東照宮と並んでつくってはいけないということをおっしゃるわけです。むしろ東照宮をお守りするような形で祀ってくれといっています。家光公が亡くなる前に生涯の師であった慈眼大師天海大僧正が亡くなっており、その天海大僧正が日光の慈眼堂に祀られています。その慈眼堂のそばに葬ってくれと遺言をなさって、その遺言どおりに現在の大猷院ができているのです。家光公が亡くなったのは慶安四年ですが、大猷院ができたのはそれから二年後です。

二　生まれながらの将軍

家光公は「生まれながらの将軍」といわれています。なぜ生まれながらの将軍といわれるかというと、家光公は次男なのですが、長男長丸が二歳で亡くなっています。その後に、家光公が生まれています。

家光公が生まれる前年、家康公が征夷大将軍に任じられています。兄の長丸が生まれたときは、まだ家康公は将軍になっていません。家康公が将軍になった後、家光公が生まれているので、孫の家光公は、当然生まれながらの将軍ということになるわけです。文字どおり後継者として、三代目の将軍を継ぐわけです。

徳川の将軍は十五代ありますが、権現号をもつのは家康公しかおりません。ほかの将軍は権現としては祀られていないのです。ところが、家光公は自ら「二世権現」と名乗っているのです。なぜ「二世権現」つまり二代目の権現だと名乗ったのかということです。それを巡って、これからお話ししようと思っております。

家光公はもちろん権現号を与えられておりません。これは、家光公のお守り袋というのが残っていて、その中に自らが「二世権現」と記しているのです。実際は権現になっておりませんので、「二世権現」と括弧つきにしました。

三　二世権現

権現というと、まずわれわれは東照大権現をすぐ思い出します。江戸時代を通じて、権現様といえば神君家康公になってしまうのです。ほかに権現様はたくさんあります。箱根権現とか熊野権現とかたくさん権現はあります。あるけれども、権現といえばすぐに家康公となるのです。それほど江戸時代から今に至るまで、われわれは権現といえば家康公とくっつけて考えるのです。それを家光公はその二代目の権現だというのですから、大変なものだと思います。

さて、「家光公のお守り袋」、これは全部で七袋あるのですが、その二番目の袋、つまり「二の袋」の中の一つに、表と裏に右のように書いたものがあります。

（表）二せこんけん《権現》　（重）
（裏）二世轉りん《輪》

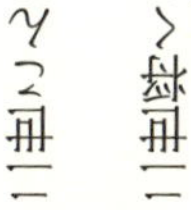

表に「二世こんけん」、今度は向きが変わって裏の方にも同じく「二世こんけん」と、短冊状の細長い紙に書いてあります。これはおそらく家光公の自筆と考えていいと思うのです。家光公が自ら「二世権現」と名乗っているのです。自分は家康公の後を継いで二代目の権現なのだという意識でしょう。大変なものだと思います。

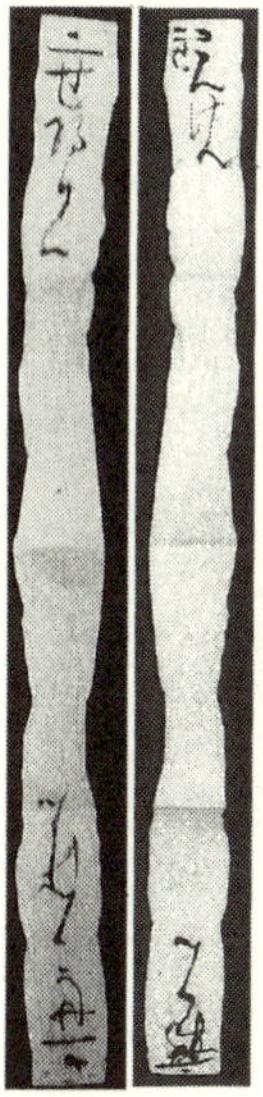

「二世権現」の短冊（重文　日光山輪王寺蔵）

二世権現の書いてあるお守り袋の短冊に、もう一つ違った字が書いてあります。逆向きの方ですが、それは「二世将くん」と書いてあります。これも重大な問題を含んでいるのです。二代目の将軍だというのです。二代目はご存知のように、家光の父秀忠です。家康、秀忠、家光の順ですから、三代将軍が家光なのですが、家光は自らが二世将軍、二代目の将軍だというのです。そこには何があったのでしょうか。こういうことを書き留めるには、何かそれなりの理由があったと思われますが、それは一体何だったのでしょうか。

それから、もう一つの裏の方に「二世轉りん」と書いています。これは轉輪聖王《てんりんじょうおう》という王の名なのです。この轉輪の輪は輪王寺の輪です。聖王というのは聖の王と書きます。ですから輪王寺という寺名はここから出てくるのです。轉輪聖王の、輪と王をくっつけてこの寺の名前ができました。轉輪聖王とは、この世界を支配する王様のことです。

四　家康公の遺志

このように家光自らが二世権現であるとか、二世将軍であるとか名乗っている、その本意は一体どこにあるのか。まず、よくいわれるのは、家光公は両親から疎まれていたということです。両親は、いうまでもなく二代将軍秀忠と、その令室お江与《えよ》の方、あるいはお江《ごう》の方ともいわれますが、淀君の妹に当たる方です。浅井遙子《みちこ》といって、淀君が長姉で、次姉が京極家へ嫁いだお初の方です。そして次がお江与です。

家光公は、両親からあまり可愛がられなかったのです。それはなぜかというと、家光の弟、国千代あるいは国松とも称しますが、その国千代、後の駿河大納言忠長が、非常に利発な子だったのです。それで秀忠とお江与は、次の将軍は国千代の方がふさわしいということで、弟の方ばかり目をかけて、兄である家光公がおろそかにされていたのです。

ここで家光公を将軍職に就けるために非常に努力した乳母の春日局の存在を、無視するわけにはいきません。春日局は家光を将軍にするために、大きな陰の力を発揮したのだと思います。

とくにこれが証拠だというものはありませんが、春日局が書いたと伝えられている『東照大権現祝詞《のっと》』が残っています。現在、輪王寺に国の重要文化財として蔵されています。そこに次のように述べられています。

大権現するが御ざいせの御おんどくをかんじたてまつりたまへは、そうげんいん《（お江与）》（崇源院）様、君をにくませられ、あしくおぼしめすにつき、たいとくいん《（秀忠公）》（台徳院）さまも、おなし御事に、二しんともににくませられ、すでに、そし（庶子）そうりゃう（総領）をつがせられへきていに、なり申ところに、こんけんさま、するがにて、きこしめしつけられ、二しんともに、にくみ、あしきやうに、おほしめし候はゝ、君をするがへよび御申候て、ごんげんさまの、御こ（子）にあそはされ、三代せうぐんに、これあるへきと上意御さ候間、やうやく、するかへ御のほり候はんかと、下々もよほし申うちに、こんけんさま御せんげあり、されとも、上いのひゞき、ゐどへきこしめされ、（下略）

つまり家康公が駿河（静岡）におられるときに、秀忠とお江与の両親が家光公を非常に憎んでよく思っていなかった。弟の国松に将軍職を継がせようと、どうも心がそういうふうに傾いていたらしい。このことをそれとなく知らされた家康公が、家光公を駿河に呼び寄せて、お前はわしの子だと認定して、次の将軍に任ずべき意向を伝えようとしたのです。「三代せうぐんに、これあるへきと上意御さ候間」とあるところです。

次の将軍に当然すべきだという家康公の気持ちを伝えようとしたのですが、家光公がそれではというので駿河に向かおうとしたその準備中に、家康公が亡くなってしまいます。それは元和二年の春頃だろうと思います。しかしその家康公の気持ちは、遺志として江戸の秀忠公のもとへ伝えられることになり、両親が心変わりをして、家光公を三代将軍にすることになったといわれています。

そういうことがあって、家光公は祖父である家康公に大変尊敬の念を持っていたわけです。家康公は自分のことをそう思っていてくれたのかということで、祖父家康公に対する尊敬の念が大変強かったのです。つまり家光公の遺言に出てくるように、自分は死んだ後までも家康公に仕えたいから、日光に葬ってくれといい残しているのです。その遺言どおりに実行されているわけです。

五　嫡庶の分

もう一つ、家康公が家光公を当然次の将軍になすべきだということの一つの例として、『徳川実紀』に、『武野燭談』という江戸初期に書かれた書物を引用して、次のようにいっています。

大猷院殿いまだ竹千代君と申て。いときびはにおはしませし程より。天下を統御ましますべき規摸そなはらせ給ふとて。東照宮殊に御いつくしみ深くかしづき給ひけり。御弟国千代《（忠長）》の方は御幼稚並にこえて。聡敏にわたらせ給へば。御母君崇源院殿にはこと更御鍾愛ありて。衣服調度をはじめ。宮人等のつかへ奉るさままで。此君よりはおさ〳〵立まされり。一とせ東照宮駿河より御狩のついで江戸に立よらせ給ひ。久しく竹千代兄弟に対面せざれば。なつかしと仰られて。両君御前に出給ひしに。竹千代殿これへ〳〵と在て。御手を引て上段につかせ給ひ。国千代の方もおなじくすゝませられしを。いな〳〵勿躰なし。国はそれに居候へとて下段に着しめられ。やがて菓子など供し参らせしにも。先竹千代殿にまいらせよ。次に国にもつかはせとて。こと更にけぢめ立て。御あしらひありしかば。これより宮人等の礼貌俄に改りて。公には正しく動なき儲の君にわたらせられ。行末天下を統馭なし給ふべき御身にて。国千代の方とは迥に尊卑の別ある事を知るに至れり。是全く東照宮の御一言もて。嫡庶の分を正しうし給ひしによれる所なりとぞ。

　家康公がたまたま狩りか何かで駿府を出て、関東の方に向かってくるのです。江戸城に来て、自分の孫たちである家光公、当時は竹千代というのですが、家光公と弟の国千代に対面しようということで、江戸城で対面することになったのです。そのときに、家康公は家光公の手を引いて、自分が座っている上段の間、そこは将軍しか座れないのですが、そこに家光公を招き寄せ、菓子を進めたのです。弟の国千代も兄の後について、上段の間に上がろうとしたところ、家康公はそれを制して、お前はだめだ、お前ののぼるところではないと制止しています。ということは、家光は次の将軍職につく人だからお前はここでよろしい。ところが、国千代の方は家光に仕える臣下になる身です。兄弟でありながら、一人が将軍になれば一人は家来です。だから、臣下になる身だから主君と同じようには扱わないというわけです。そういう厳しさがありまして、国千代は下の段でお菓子を食べるということになったわけです。

このように将軍になるべき人とそうでない人、つまり嫡庶《ちゃくしょ》の分を、きちんと示しているわけです。やがて両親である秀忠公、さらにはお江与の方も、家光公を大事にしなければならぬということがだんだんわかってきて、そして臣下の者にもそれが行きわたりました。幕閣に仕えている家来たちも、次の将軍は家光公だということで、処遇の仕方が変わったということになります。

六　国千代のこと

両親である秀忠公とお江与の、国千代に対する寵愛のあり方は、お江与の方はたぶん「国千代可愛い」、であったらしいですが、秀忠公は必ずしもそうでもなかったようです。次の『徳川実紀』の文をみますと、

駿河亜相末た国千代君と申ける頃。銃うつことを稲富喜大夫直賢に学給ひ。ある日西城の湟に居し鴨をうちとめられ。御台のかたへ進らせ給ひければ。御台所悦給ふ事なゝめならず。その夜しも公後閣にわたらせ給ひければ。これを調じて御酒すゝめ給ひ。こは国が

手づから打留しよし申させ給へば。公にも御気色うるはしくて。さてもこの物いづくにて打留しにやと問せられしに。御台所いかにもよく聞え給はんとて。つばらに西城の湟にて打留給ひし旨をかたらせ給へば。きこしめしもあへず御箸投すて給ひ。たが供してかゝるふしぎをなさしめしぞ。そも〳〵当城は東照宮新に築かせられ我に譲らせ給ひ。我又竹千代に参らすべきなり。さるを国が身として。城に向て鉄炮放せしこと。上は天道にそむき且は神慮の程も計りがたし。下は竹千代がきゝ思はんも。その憚なきにあらずと。殊の外御けしき損じ。御座を立せられ。その日国千代の御方に供せし者御勘事蒙りけり。此事世にいひ伝へて。嫡庶の分を正しうせられし御心掟いとたうとし。さるを又駿河殿を御偏愛有て。廃立の念おはしませしなどいふは。とるにも足らぬ妄説なるべし。

これは国千代が江戸城の西の堀で鴨を鉄砲で撃ち落として、母のお江与の方に進上したのです。母は大変喜んで、その日の夕食にそれを調理して秀忠公にご馳走したのです。これは国千代が射止めた鴨ですよというので、秀忠も最初は喜んだのです。どこで射止めた鴨なのかと秀忠公が問ねたところ、実はこういうわけで、お城のお堀のところで捕った鴨だと話したところ、これを聞いた秀忠公が驚いて、箸を投げ捨てて、一体だれがお伴をしてこの鴨を撃ち落とさせたのか、と激怒したのです。

なぜ怒ったかというと、そもそもこの城は家康公が新たに築いて、それを私に譲られた。それはやがて次の竹千代、すなわち家光に譲るべき城なのだ。それを国千代が城に向かって銃を撃つとは何事か。このことは天道に背き、神罰はかりがたい。それは、「城に向て鉄炮放せしこと」と書いてあるように、思慮のない行為であったのです。

それで秀忠公は、国千代の行為に対して厳しく戒めているのです。これは大変立派なことだと思いますし、決して国千代だけを偏愛しているのではない、という話だと思います。秀忠公が偏愛に陥っていた人ではないということをいいたかったのでしょう。

秀忠公が国千代を偏愛していて、次の将軍にと考えていたことは、「とるに足らぬ妄説なるべし」と、ことさら強調しているところをみると、逆にこういう風説がかなりあったことを証するもので、やはり国千代を偏愛していたという事実は、否定できないことと受け取らざるをえません。

七　家康公への尊崇

このように、国千代に両親の偏愛があって、家光公の方はおろそかにされていると思っていたのですが、しかし家康公から、お前が次の将軍だというお墨付きをもらい、それで安堵することになったのです。『東照大権現祝詞』に、家光公は家康公のことを信頼しており、自分はなれるとは思わなかった将軍職になることになった。そして天下を自分の手に収めることになった。また家康公が築いたこの大きな事業、徳川幕府という事業を受け継ぐことができたのは、生前から家康公に次の将軍を約束され、天下を引き継ぐことになったからだと述べられています。

大ごんけん御神とくを、かんじたてまつりたまへば、たいとくゐん（台徳院）さま御ぞんぜう（存生）のとき、君よろづ御くろうあそばしたまふに、ごんげんさまをふかく御しんかうなされ候ゆへ、なりかたき天か（下）を御こゝろのまゝに、たなごゝろのうちにおさめさせられ、御せんぞのぐわんそ（元祖）たるこんけんさまの御ゆいせき（遺跡）をつがせられ候事、これひとへに、ごんげんさまの御めぐみ、ありがたき御おんどく、まことにごんげんさまより天か御はいりやうの御事なり、大権げんするが御ざいせには、君に天下の御ゆいせきをさづけたてまつり、御めつごには、一天しゆごの大ごんげんとあらはれて、君をまもりたまふ事、日夜ふたい（不退）にあらたなり。

終わり近くに、「大権げんするが御ざいせには、君に天下の御ゆいせきをさづけたてまつり」と書いてあります。自分は家康公から直接徳川幕府を引き継ぐことになるんだという意識があったのです。これがとりもなおさず二世権現につながってくるのだと思われます。二世将軍であったり、二代目の権現と称するような意識というのが、ここに出てきたのだと思うのです。

少しく蛇足になるかと思いますが、こんな話も伝えられています。

家光公の家康公に対する尊敬の念が厚かったことは、並々でなかったということですが、それは家康公の話が出ると、家光公はしばしば待てということで、袴を召し、きちんと正座して、両手をついて、さて権現様は何と仰せられたと、慎んで聞いたという話も伝えられています。

そしてまた、江戸城の二の丸に東照宮があります。その二の丸にある東照宮へ家光公がお参りするときには、衣冠束帯姿になり、手水を使った後、手を膝に仰向けに置いて、袴とか衣で汚れないようにしてお参りしたというのです。東照宮にお参りするときに、それほど家康公に対する尊崇の念を表わしています。

もう一つこういう話もあります。何か災害があったとき、お城の中の東照宮がどうなったか、何か被害を受けなかったかと、すぐに心配して家来に聞くのです。その家来が様子をみて戻ってきて、報告をするわけです。その報告が終わるまで、家光公は裃姿のままで待っていたという話が伝えられています。こういう話でおわかりのように、家光公の家康公に対する尊敬の念は大変なものだったと思います。

八　家光公の遺言

家光公が亡くなる直前、自分の異母弟の保科正之、重臣酒井忠勝の二人を召して遺言します。つまり、『徳川実紀』に、

御大漸に近よらせ給ひし時。三家はじめ諸大名まうのぼり御けしきを伺ふ。酒井讃岐守忠勝をもて。御遺命の旨夫夫に伝へられ。保科肥前守正之を御寝所にめされ。そが手をと

らせたまひ。大納言〔家綱〕殿の御事御幼稚におはしませば。たのみおぼし召るゝよし仰ければ。正之泪をながして御うけし。直に西城にまうのぼりて輔佐し奉る。また忠勝等に仰下されしは。われ平生東照宮の神徳を仰ぎ奉ることは。汝らもしる所なり。なからん後もわが魂魄は日光山にまかりて。ちかく神宮につかへ奉らんと願へば。遺骸を彼山に送り。慈眼堂の側に葬るべしとのたまへば。忠勝等御廟は神宮にならべて営み奉るべしと申けるに。いなとよ。我不徳の身もて。いかで祖廟に並ぶべき。たゞ慈眼堂の側にあるべしと仰けるを。終の御一期としてかくれさせ給ひぬ。後にその御遺旨をもはら忠勝受給はりて。宗室のかた〴〵へ伝へけるとぞ。

まず酒井忠勝らに向かって、自分が亡き後は、先ほど話したように自分の遺骸を日光山に送り、慈眼堂のそばに葬るべしといわれたのです。そのときに忠勝らは「御廟は神宮にならべて営み奉るべし」と東照宮の傍らに建てることを申しましたが、家光公は、「いなとよ。我不徳の身もて。いかで祖廟に並ぶべき」といって、並んで立ててはいかんというのです。「ただ慈眼堂の側にあるべしと仰ける」と。こういうわけで、今のように慈眼堂のそばに大猷院がつくられることになったのです。

時に慶安四年四月二十日、四十八歳でした。今でいえば働き盛りの四十八歳で亡くなったのです。

ここまでみておわかりになったと思いますが、家光公は世俗の関係では二代将軍秀忠公の子であっても、心の中では、自分は家康公の子であると思っていただろうと思うのです。一代とばしてしまうわけです。事実『東照大権現祝詞』の中には、家康公が家光公をわが子とみなすといっている、それを受けているわけです。「ごんげんさまの、御こにあそはされ」といわれていることを信じていたのです。

ですから、家光公は実際は家康公の後を継ぐ立場にあると、秀忠公を無視しているわけです。つまり家康公の後を継ぐんだから、当然二代目の将軍、また二代目の権現、二世権現と称したわけです。なぜ「二世権現」家光公というような題を掲げたかというと、こういうことを解明したかったからなのです。

九　駿河大納言忠長の自害

国千代は、後の駿河大納言忠長ですが、両親には大変可愛いがられていた。それが災いしたのでしょうか、この人は常軌を逸した行動が多かったのです。これは後になってからのことですが、罪なき自分の家来を数十人手打ちにしました。普通では考えられないことです。こういう狂気の振舞いがあったといわれています。そのために甲斐の国へ蟄居を命ぜられます。兄家光公にすれば心苦しかっただろうと思いますが、自分の弟でありながら勝手なことをされては、黙っていられません。蟄居を命じます。その翌年、寛永九年に、忠長を上州高崎に幽閉することになります。

この幽閉されているときに、加藤忠広という大名が国をのぞかれることになり、城の受け取りをしなければならない。そのときに加藤はどうも反逆の気があるという風説があって、忠長は勝手に追手をつかわすのです。将軍の命を無視して、自分勝手に兵を動かしたわけです。江戸時代では勝手に兵を動かすというのは大変なことです。そのほかいろいろな事件があり、幕府の許可なくしてお寺を勝手につくってしまう、それも勝手にやってしまう、そのためについに自殺を命ぜられることになるのです。高崎城で寛永十年に自殺を命ぜられます。

『徳川実紀』をみると、使いの者が席を離れたときに自分で喉を突いて自殺したといわれていますが、その自殺まで追い込むのに、なかなか大変な苦労がありました。将軍の命を伝えるために、誰か家来が行って忠長に自殺するように仕向ける。なかなか大変なことだと思います。将軍の弟ですから。

その自殺の密命を伝える役が、阿部重次といって、家光公が亡くなったときに殉死をされた家臣五人の中の一人です。老中までやった岩槻の藩主ですが、その阿部重次が家光公の密命を受けて、高崎に行き忠長を説得したといわれています。

そのため家光公は阿部重次を信頼したといわれ、信任が厚かったのです。それが後に殉死につながってくると思うのですが、今も田母沢の釈迦堂の境内に殉死の墓があります。ほかにいくつかお墓があります。前列左側の五基が殉死の墓です。その五基の一番右側が堀田正盛、この方も老中をやっています。後に千葉県の佐倉の城主になった方です。そして阿部重次とお墓が並んでいます。その隣に、幕臣として家光公に若いときから仕えていた方々で、内田正信、三枝盛恵、奥田安重の三つの墓が並んでいます。つまりこれら五基が、家光公が亡くなって殉死した方々です。

十　家光公の遺業

最後に、家光公がどういう仕事を残されてきたか、どういうことをやってきたかということを紹介しておかないことには、家光公の顕彰にはなりません。家光公の業績で大きな仕事は、五つか六つくらいあると思います。その一つひとつをみていきますが、まず寛永二年に上野に寛永寺を建てています。寛永という年号を取って、寛永寺という名前が生まれたわけです。この寛永寺と日光は江戸時代は一体だったのです。というのは、日光の輪王寺の法親王の宮様は日光御門主ですが、冬は寒いので、江戸の上野に常住されていたわけです。今は日光山輪王寺と上野の輪王寺（つまり寛永寺）とに分かれていますが、もともとは一つのものです。

いま上野公園に行くと、大噴水が公園の真ん中にあります。この噴水の場所は、上野の輪王寺の本堂があったところです。戊辰戦争のときに焼失してなくなりました。官軍の兵隊の火の不始末で焼けたらしいです。今残っていれば大変大きなお堂が残っていたのですが、焼けてしまい残念です。

そのお堂のあったうしろ、現在の東京国立博物館のあるところが、法親王宮様のお住まいだったのです。日光と同じ黒門が、今の博物館の正門のところにありました。今その門は両大師の方に移っています。東博のある建物の場所に住まいがありましたから、東博の裏庭に立派な日本庭園があります。あれが法親王宮様のお住まいの庭園だったわけです。日光の輪王寺でいえば逍遙園みたいなものです。それが現在も残っています。

それから、寛永十二年に参勤交代の制度を設けています。あの有名な参勤交代は家光公が最初に制定したのです。これはもとをただせば、慶長七年に始まった武家諸法度があるのですが、それを改正しながら、そして最終的には参勤交代をここで制定したわけです。参勤交代というのは、一年おきに国元・江戸を大名が行き来するのです。だいたい奥方は、江戸にずっと人質みたいにしておかれたらしいです。

その翌年の寛永十三年、これがわれわれにとっても、そして日本の文化遺産にとっても非常に大切なことですが、この年、東照大権現の二十一回忌に、今の東照宮の大造替が行なわれて、現在われわれがみることのできる東照宮ができあがったわけです。だから、日光の大恩人といってもいいと思います。

そして、寛永十四年に島原の乱が起きます。これは幕府の禁教政策と、島原城主であった松倉氏の過酷な政治が重なり、農民とキリシタン信者が起こした反乱です。有名な天草四郎時貞が原城にたてこもって頑張るのですが、ついにこれを平定する。そして、これがきっかけになって寛永十六年に鎖国が完成します。外国との交通を一切遮断する。この鎖国は幕末のペリー来港まで、約二百五十年間続きます。

これらが大きな仕事だと思います。もう一つ付け加えておくと、正保二年に東照宮に宮号が下賜されて、東照社ではなく東照宮になるわけです。さらに例幣使、勅使が毎年来ることになりました。この東照宮への例幣使に伴って、文化年間以来中断していた伊勢神宮への例幣使も復興することになります。

ちょっと別な話になりますが、伊勢神宮にも勅使はもちろん行くのですが、伊勢は皇室の祖先神である天照大神を祀っていますので、鎌倉時代までは一般の人は伊勢へ参宮できなかったのです。天皇のみです。皇太子ですら行けませんでした。皇太子がもし勝手に行くと、天皇の許しがないのになぜ行ったかといわれ、謀叛の心ありということでとがめられてしまうのです。天皇のだから、天皇のみの参拝の場所なのです。それが江戸時代になってくるとだんだん崩れてきました。

短い四十八年の生涯の中でこれだけのことをおやりになったということは、忘れてはならないことだと思います。

家光公略年譜

西暦	年号	事項
一六〇三	慶長八	二月　十二日　家康、征夷大将軍となり、江戸幕府を開く。
一六〇四	慶長九	**七月　十七日　家光、秀忠・浅井達子（お江与の方）を両親に、江戸城に生まれる。** 二十一日　伏見にある祖父家康により、家康自らの幼名竹千代と名付けられる。
一六〇五	慶長十	四月　十六日　秀忠、征夷大将軍となる。
一六〇六	慶長十一	六月　一日　弟、忠長（幼名国千代）、誕生。家光、大病を患う。
一六一一	慶長十六	三月二十七日　後水尾天皇即位。
一六一三	慶長十八	**天海、日光山貫主となる。**
一六一四	慶長十九	十月　大坂冬の陣。
一六一五	元和一	五月　八日　大坂城落城。
一六一六	元和二	四月　十七日　家康、駿府にて逝去。久能山に葬られる。 五月二十九日　酒井忠利・内藤清次・青山忠俊の三人が、家光付年寄となる。
一六一七	元和三	**四月　天海、家康の遺骸を久能山より日光山へ遷葬し、東照廟を創祀する。** 朝鮮通信使の来日（大坂平定・日域統合を祝す）。
一六二〇	元和六	六月　六日　妹、和子（東福門院）、後水尾天皇に入内。 九月　竹千代を改め、**家光と名乗る。従三位権大納言に叙任。** 酒井忠世・酒井忠勝が家光付年寄となる。
一六二三	元和九	**七月二十七日　家光、将軍宣下。**正二位内大臣に叙任。 朝鮮通信使、来日（家光の将軍世襲を祝す）。
一六／四	寛永一	**天海、上野東叡山寛永寺を創建。**
一六二五	寛永二	**七月　家光、日光社参。** 八月　九日　家光、鷹司信房の娘孝子と婚礼。
一六二六	寛永三	上洛、淀城に入る。 秀忠は太政大臣に、家光は左大臣に、それぞれ任じられる。

		九月　十五日　母江与、死去。
一六二八	寛永五	**四月　東照権現十三回忌。秀忠・家光、日光社参。**
一六二九	寛永六	二月　家光、疱瘡を煩う。 **四月　家光、日光社参。** 六月　沢庵ら流刑（紫衣事件）。 十月　十日　家光乳母福、参内し、後水尾天皇に拝謁、春日局号を頂戴する。 十一月　八日　後水尾天皇、明正天皇（女一宮・家光公の姪）に譲位。
一六三一	寛永八	七月　十七日　秀忠、紅葉山の東照社参りの後、病臥。 七月二十一日　秀忠病気平癒の祈禱が、各地の大社、五山などの寺院で修される。
一六三二	寛永九	一月二十四日　秀忠、江戸城西丸にて逝去。歳五十四。 **四月　東照権現十七回忌。家光、日光社参。** **大番・書院番・小姓組番等軍事力の再編に取りかかる。**
一六三三	寛永十	二月　家光、軍役令改正、窮乏する旗本層への負担軽減をはかり、城詰米の拡充を命じる（平時に照応的な軍事態勢の構築）。 十二月　六日　弟、忠長、幽閉先の高崎にて自害。
一六三四	寛永十一	七月　上洛。太政大臣任官を辞退する。 七月二十三日　江戸城西丸焼失。留守居酒井忠世、寛永寺へ退去。 **九月　家光、日光社参。** **十一月　東照社造替、開始。**出羽に流されていた沢庵を宥免。
一六三五	寛永十二	**六月　十二日　武家諸法度改正。参勤交代制確立。**
一六三六	寛永十三	一月　江戸城惣構の大修築。 **四月　東照権現二十一回忌。家光、日光社参。東照社大造替完成。** 十二月　朝鮮通信使の来日（総勢四七五名）。二十一日、東照社参詣。
一六三七	寛永十四	一月　病を患う。島原の乱を機に政務再開。
一六三八	寛永十五	島原の乱、鎮圧。
一六三九	寛永十六	**七月　鎖国完成。**

一六四〇	寛永十七	**四月　東照権現二十五回忌。家光、日光社参。**
一六四二	寛永十九	飢饉が各地で顕在化、倹約・百姓成り立ち等の対策を講じる。 **四月　家光、日光社参。**
一六四三	寛永二十	**東照社奥院に相輪樘建立。** 七月　朝鮮通信使、来日（家綱の誕生を祝す）。日光社参。 九月　十四日　春日局、死去。 **十月　二日　天海大僧正、示寂。** 十月　三日　明正天皇譲位、二十一日、後光明天皇即位。
一六四四	正保一	六月　琉球慶賀使、日光参詣。
一六四五	正保二	**三仏堂・新宮拝殿を造替。東照社、宮号宣下。例幣使の創設。**
一六四八	慶安一	**常行堂・法華堂造替。慈眼堂造営。天海、慈眼大師の勅諡。** **四月　東照権現三十三回忌。家光、日光社参。**
一六五一	慶安四	四月　二十日　**家光、江戸城にて逝去。**堀田正盛・阿部重次ら殉死。二十六日、寛永寺より出棺。 二十九日、日光到着。 五月　六日　大黒山の頂に埋葬。十七日、太政大臣・正一位の追贈、**大猷院の勅諡**（大猷院殿《たいゆういんでん》　正一位《しょういちい》大相国《だいしょうこく》）。 八月　十八日　家光第二子家綱、征夷大将軍の宣下。
一六五二	承応一	二月　十六日　**四代将軍家綱の命により大猷院廟を着工。**
一六五三	承応二	四月　四日　**大猷院廟完成**（造営総奉行-酒井讃岐守忠勝）（大棟梁-平内大隅守応勝）。

日光山の延年舞

一　秘舞「延年舞」とは

慈覚大師円仁によって唐から将来された、と寺伝で伝えられる秘舞「延年舞《えんねんのまい》」は、現在、五月十七日の早朝、三仏堂内に敷舞台《しきぶたい》を設けて修せられる。そして、この舞は二人の舞衆と延年の頌を唱える頌衆とによって行なわれる。

舞衆は上座と下座《げざ》との二人で、その装束は緋緞子《ひどんす》地に牡丹唐草模様の直垂《ひたたれ》、白の大口袴を着け、頭に白の五条袈裟をもって甲冑形つまり裹頭《かとう》に包み、背に鮫柄の短刀を挿む。

舞衆二人は、本尊前に設けられた敷舞台に進み、上座は本尊に向かって左に、下座は右に位置する。まず、上座が頌衆の唱える舞頌《ぶじゅ》に従って、右手に中啓《ちゅうけい》、左手を刀印にして腰につけ、正面に進み、日光三所大権現および東照三所大権現の諸神およびその本地仏に対して、三方に踏み出す四方固めの舞を献じ終えると、中啓を置き、次に両手を刀印にして、袖の下に隠して、同様に舞う。この二折の舞を舞い終わって、元の座に復する。次いで下座が両手を刀印にして、腰につけ、正面に踏み出て舞い、中頃より黒烏帽子《えぼし》を被り、右手に中啓を持って三角に舞い収める。以上、三折の舞である。

このような踊りの振りは極めて珍しく、当山独自の秘舞延年といえる。中でも同じ方向へ、同時に平行に手と脚とを動かす動作が処々にあり、古典的舞踊を今に伝えるものである。

この延年舞は、一山住侶が嫡々相伝し、しかも新任住職必修の法儀で、いわば経歴法階（一山住職必修の法歴）となっている。

延年舞

舞頌は、「倶《く》舎《しゃ》の頌《じゅ》」を簡略化したものであるが、倶舎の頌を唱えるのであれば、倶舎舞であって、延年舞ではないが、いつの頃からかこのような形になった。倶舎舞と倶舎の頌は古くから行なわれていたらしく、かの清少納言の『枕草子』の一二〇段に、正月の長谷寺に詣でたときのことを記し、そこで若い僧が階段の登り降りに、「倶《く》舎《さ》の頌《ず》」を口ずさみながら走り廻っている様が描かれている。これから想像すると当然、倶舎舞が舞われていたものと察せられるのである。『晃《こう》嶺《れい》秘《ひ》

東照宮　摩多羅神　神輿（『御神祭之図』日光山輪王寺蔵）

鑑《かん》』によると、延年舞について次のようにいう。

「延年トハ令法久住ノ義、又タ天下永久ノ為ノ神事ナレバ祝シテ延年ト云、又ハ倶舎舞ト云、倶舎ノ頌ヲ舞フユエ也、又ハ釈起舞《しやくきまい》ト云、釈氏舞トモ云フ、釈氏起舞スト云コゝロ也」とある。因みに日光山の「延年頌」は、次のようなものである。

従修妙相業　同音菩薩得定名　瞻部男体仏仏思々所成　余百劫方修　天地此界多聞室　逝宮天処十方無　丈夫牛玉大沙門　滝尾新宮与本宮　三聖ヒトツノ山ニスミ　三身スナハチ一身ノ　東西中院三ノヤマ　僧徒ハ老少常ニ住　カヽルイウシンデ　ソヨヤチハヤフル　神ノ心ナビクラン　ソヤ心ナビクラン　玉串ノ葉

ところで、この延年舞は、後述するように、初めは常行堂で摩多羅神《またらじん》の神事の秘舞として舞われていた。それが鎌倉時代になると、三仏堂（その頃は、今の二荒山《ふたらさん》神社の東隣に建っていた）前に場所を移し、三月会《やよいえ》のときに舞い、東照大権現（今の東照宮）鎮座以後は、さらに東照宮の祭礼のときに、やはり三仏堂前に敷舞台を設けて舞われていた。そして、この延年舞が終わると、四つ鐘が撞かれ、それを合図に御神迎の榊が上り、神輿渡御《とぎょ》祭（今は五月十八日、東照宮春大祭、いわゆる千人武者行列）が始められた。

延年舞は、明治の神仏分離以後、二荒山神社の東隣から現在地に移遷された三仏堂の前に設置された舞台で、舞われるようになった。つまり、堂前に屋根付舞台が設けられたのである。舞台の左右両面にのみ腰板がある造りで、四方に幔幕を張り巡らして、そこで舞を舞ったのである。それもやがて敷舞台のみの舞台となり、そして現在は三仏堂内に場所を移して、三仏様の御宝前に敷舞台を設えて行なわれるようになった。

二　「延年」の意味

ところで、「延年」とは如何なる意味なのであろうか。延年の言葉の意味を考えてみなくてはならない。中国古典での使用例でみてみると、司馬遷《しばせん》の『史記』淮南王安《わいなんおうあん》の伝に、「願請㆓延年益寿薬㆒」とあり、延年と益寿とが並べて記され、いわゆる不老長生の薬を求めていることから、延年とは寿命を延ばすことの意で用いられていることがわかる。そして『漢書《かんじょ》』李尋伝に、同じく「延年益寿」という用語がみえ、ここでも寿命を重ねること、長生きすることを意味していることがわかるのである。

ともかく延年とは、寿命を延ばすこと、長生きすることであって、人として生まれてきたからには、なんといっても長生きすることが最大の願いであろう。人の命を寿命というのは、もともと寿とは命長いことからいわれたことであり、命は天から与えられたものであるから、天寿ともいわれるのである。それゆえ寿命は人間の力では、いかんともし難いものである。

日本でも、延年はやはり寿命を延ばすことで、その願いは古今変わることがなかった。『続《しょく》日本紀《にほんぎ》』巻十八、孝謙天皇の天平勝宝三年（七五一）十月の条に、「免レ病延レ年」とあるのも、病気にならず長生きしたいと願ってのことである。また『朝野群載』巻十五、陰陽道《おんみょうどう》の項にみえる永承五年（一〇五〇）の後冷泉天皇の泰山府君都状《たいざんふくんとじょう》に、「延年増算、長生久視」とみえ、前句は『史記』などと似た用例である。「益寿」が「増算」となっているが、どちらも寿命を延ばすことに変わりはない。

芸能としての「延年」は、『左経記《さけいき》』寛仁二年（一〇一八）十月十六日の「召二絃管人々一、有二御延年一」とあるのが、初見のようである（『国史大辞典』吉川弘文館）。ところが、この「延年」が、寺院内での遊宴の席の舞としての意味が明確に付されてくるのは、鎌倉時代になってからみられる現象である。藤原定家の『明月記』の寛喜元年七月十七日の条に、「山門の衆徒遊宴（延年と称す）」（原漢文）とみえる。遊宴というからには、型にはまった舞を舞っていたのではなく、即興的なものであったろう。岩橋小弥太氏「日本舞踊史」（『日本風俗史講座』）に「延年の舞はもともと寺院内での遊宴の席で、興につれ舞ったもので、後世の如く型に箝まったものではなかった。」といっているのは、あたかもこの遊宴での舞を延年と称したことをあとづけるものであろう。そして『国史大辞典』に、「院政期に入ると、法会などの後で余興的に行われる僧徒の各種芸能がとくに延年と称せられるようになった。」といわれているのも、同じ捉え方であろう。

このように、延年はもともと寺院内で舞われたものとされているが、とくに延年延寿を願う舞となってきた。『大言海』に、「延年舞、遐齢延年ノ義ニ拠ル名ト云フ、僧家ノ舞、略シテ延年トノミ云フ」と、やはり僧衆による舞であるとしているが、『日本百科大辞典』に、「僧家の舞、心を楽ましめ、年齒を延ぶる意にて名けしにや、略して延年とのみもいひ」とあり、『大百科辞典』(平凡社)に、延年とは、「中世の劇的歌舞。延年は延年遐齢の略称で、観者を楽しませてその年齢を延ばしめる意。故にすべての舞伎歌謡はかく称することが出来るが、特に僧徒が法会に余興、或は定められた時期に、ある順序に従って、種々の芸能を演出するものを総称して延年といってゐる。特に舞踊を主としたから、延年舞ともいひ、訛って因縁舞ともいふ。」といい、寺院での延年を願う舞と考えられ、さらに「延年の始めは、平安朝末に行はれた雑芸より出てゐる。即ち、雑芸を僧徒が取り用ひて、延年舞が発達し、殊に白拍子の如きは最も深い関係があると思はれる。また、平安朝時代の舞楽も、鎌倉時代には寺院の保護を受けて、寺院音楽として用ひられたが、これまた延年の源流をなしてゐて、その舞踊の如きも、頗る舞楽のそれによるところが多い。南北朝時代以後は更にこれが発達して、大規模な劇的舞踊と化して、種々なる芸能が行はれた。」として、延年は雑芸や舞楽から発展したもので、それは能のようになったといい、その演能種目が挙げられている。

また『日本文学大辞典』（新潮社）にも、「僧家で大法会の後に行ふ遊宴歌舞の総称」と解説する。そして、延年の沿革・演技種目を挙げ、興福寺・周防の仁平寺の延年について記し、中尊寺・厳島・日光山の延年について略説している。たとえば、興福寺の延年については、『興福寺延年舞式』によると、その順序は寄楽《よせがく》、振鉾《えんぶ》、弁大衆、舞催《ぶもよおし》、僉議、披露、開口、射払、間駈、掛駈、連事《つらね》、絲綸《いとより》、遊僧《ゆそう》、風流、相乱《あいらん》拍子、火掛、白拍子、当弁《とうのべん》、答弁、走、散楽であるが、それらは能ばかりではなく、いろいろな芸能が混ざっている。しかもその所作についてはわかるものもあるが、不明なものもある。

三　延年と大衆舞

ところで、この延年に用いられる舞曲は、いくつかの曲目があった。それらの歌舞の振りは、やがて「遊僧」といわれる音芸専門の僧と稚児《ちご》とが伝承するようになったのである。『日光山縁起』六巻本にみえる延年舞には、稚児らしい舞衆の一人が舞う姿が描かれている（二一四頁写真参照）。

また『法然上人絵伝』四十八巻本の巻九に後白河法皇が、「中堂より還御、食堂にして御装束をあらためらる。このあひた衆徒庭上に群参して、延年種々の芸を施す。」とあって、中堂

（横川か）から還御され、御装束を改められた後に、芸能好きな法皇が、延年や種々の舞を御覧になったことが窺われる。しかもこの『絵伝』の絵にも、稚児延年が描かれていて、一人の稚児の舞う姿が確かめられる。これは、すでに音芸専門となった僧や稚児の延年であろう。そして先の岩橋氏「日本舞踊史」によると、この遊僧や稚児が演ずる延年を、やがて「普通の大衆が舞ふのを、大衆舞または自延年ともい」うようになったという。

日光山の場合でみてみると、日光山常行堂記録文書の中に、享禄二年（一五二九）三月一日、教城房昌賀が筆録した『常行堂供養之次第』があり、常行堂での供養つまり三月会の記録であるが、ここに初日（三月一日）に総衆二十四人で修せられた曼荼羅供庭義《ママ》の差定を示し、第二日（二日）に延年のことが記録されている。この延年には、一番の矢立賀茂、二番の常正、三番の夕顔上、四番の天鼓、五番の淡陽宮、六番の浜川、七番の小塩、八番の葛城天狗など、八番の能が舞われ、演能に関わる総衆五十余人を数えたとある。つまり、この記録でみる限り延年は能の舞であったことが知られる。

同じく日光山常行堂記録文書の中に、『常行堂修正故実双紙』と題する写本二本が存する。一本は文禄二年（一五九三）太輔公当三和尚宗佐の書写によるものである。そして他の一本の書写年代は未詳であるが、法要の導師願いの文例があって、その年号を示す箇所に正嘉二年（一二五八）の年月が記されているので、あるいは鎌倉時代の書写かも知れない。両本ともほぼ似た内容であるが、その中に常行堂修正会における行事のことが記されていて、乱拍子・白拍子・今様・口遊《くちずさみ》などの芸能のほか、狂言や田楽、そして猿楽と思われる法人・京童・小冠・老御子・若御子・聖人・尼公など、多様な諸芸能を含んでいる。また面も用いていたらしく、今も輪王寺に残っている古面類は、この諸芸能に関係するものであろうと思われる。このように、日光の延年は能やその他の芸能を基盤に、それらを総合して独自の発展を遂げたものといえる。

また『当内堂大衆舞帳』によると、天文十年（一五四一）から永禄元年（一五五八）までの十八年にわたる間の三月二日、つまり三月会に修せられた大衆舞の舞衆二名の名が記録されている。また、同書の夏末大衆舞并延年の項には、やはり天文十年以降、七月十三日に修せられた大衆舞および延年舞衆それぞれ二名の名が列記されている。永禄二年（一五五九）までの十九年間は欠かさず記録されているが、それ以後は、永禄五年（一五六二）から元和三年（一六一七）までの五十六年間、断続的に記録されている。この『大衆舞帳』でみる限り、同一人が、ある年は大衆舞を舞い、ある年は延年を舞うといった現象がみられ、舞衆は大衆舞と延年とにそれぞれ専門化、固定化したものではなかったようである。

このような記録からみると、日光山第四十六世権別当沙弥丸と次の権別当若王丸の頃は、常行堂供養に能が舞われていた。『常行堂供養之次第』には、十二歳の沙弥丸が翁や矢立賀茂・淡陽宮・小塩のシテを演じていることがわかるのである。つまり延年は能を舞っているのである。それ以後、天文十年以降になると、常行堂では大衆舞と延年とが演ぜられるようになった。

かくして、延年舞は僧衆によって舞われる舞を指すようになり、身近には延年長寿を願っての祝舞であり、天下泰平・国土安穏を祈念する賀舞として伝えられてきたのである。

四　各地の延年舞

僧衆によって舞われる延年舞は、かつて行なわれていた奈良・京都の大寺での舞が廃絶したため、日光山と平泉の毛越寺《もうつじ》を残すのみとなってしまった。因みに平泉の中尊寺でも、現在五月四日、五日に、白山神社に奉納する神事としての僧衆による能が舞われているが、これは古実式三番《しきさんば》といわれ、つまり延年に当たるものなのである。

明治の神仏分離以前は、僧衆によって舞われていた延年が、僧衆より俗衆に引き継がれて、それぞれの地方の延年として伝承されたり、あるいは俗衆独自に伝承されてきた延年が、いくつか残っている。本田安次氏の名著『延年』によると、本田氏の調査当時（昭和三十〜四十年）に存続していた延年と称せられる舞は、十一カ所を数えることができる。それも東北地方に多い。次にその地名・日時・社寺名を列挙しておく

1、小豆沢（秋田県）　旧一月二日　大日堂
2、小　滝（秋田県）　五月十五日　金峯神社
3、吹　浦《ふくら》（山形県）　五月八日　大物忌神社

4、蕨　岡（山形県）　五月一日・二日・三日　大物忌神社
5、高　寺（山形県）　五月八日　高寺山大権現（蕨岡・高寺両村で一年交替）
6、新《にい》　山《やま》（山形県）　九月三日　新山大権現
7、黒　川（山形県）　二月一日　春日神社
8、羽黒山（山形県）　八月廿九日　荒沢寺
9、小　迫（宮城県）　旧三月三日　白山宮・勝大寺
10、新　野（長野県）　一月十一日　伊豆神社
11、長滝寺（岐阜県）　一月六日　白山中宮長滝寺
12、隠岐国分寺（島根県）　四月廿一日（隔年）

一方、僧衆による舞である毛越寺の延年は、境内の常行堂において、一月二十日に摩多羅神の神事として行なわれている。毛越寺の延年は能であって、演目として留　鳥《とどめどり》・卒都婆《そとば》小町・女良花《おみなえし》・姥捨山などが舞われているが、この延年については、本田氏の上記『延年』に詳しい。これら毛越寺で演ぜられる演目は、かつて日光山でも舞われていたものであるが、今は廃絶してしまった。そして日光山独自の延年舞が伝承されるようになるのである。

五　摩多羅神への神事

常行堂倶舎の表紙（常行堂記録文書）（日光山輪王寺蔵）

ここで日光山の延年の変遷について述べておきたい。日光の延年舞も、初めは久安元年（一一四五）に創建された常行堂で摩多羅神の神事として修せられていた。上に述べた「延年頌」のもとと思われる写本『常行堂倶舎』（文禄元年・一五九二）が、日光山常行堂記録文書の中に残されているが、その「倶舎」のはじめの十二句は、「延年頌」の十三句までとほぼ同じであり、「倶舎」の頌の最後に「帰命頂礼摩多羅神、今日ヨリ我等ヲ捨スシテ、生々世々ニ擁護シテ」とあることから、この倶舎の頌によって舞う舞は、摩多羅神への神事であることがわかる。この倶舎の頌の一部が、やがて延年の頌に変容し、この頌によって舞う延年舞は、常行堂で行なわれる修正会、つまり十二月晦日から正月七日までの法会に先立って行なわれていた。

摩多羅神と延年舞との関係は、さらに毛越寺に伝わる『常行三昧御本地供』によっても知ることができる。即ち慈覚大師円仁が五台山で引声《いんぜい》念仏三昧の秘法を修業され、帰朝後比叡山でこの秘法を修したところ、神が影向《ようごう》して、歌舞したと伝える。その神がこの摩多羅神であるとされている。常行堂には、その堂奥に摩多羅神を祀った神祠が建てられていて、摩多羅神はこの堂で修せられる常行三昧、つまり阿弥陀経を読誦する行者を外護する神となっている。

この摩多羅神については、池田長田氏「摩多羅神雑考」（『四明余霞』二十四巻一号）、有知山尅果氏「摩多羅神考」（『東洋哲学』に連載）、喜田貞吉氏「摩多羅神考」（『喜田貞吉著作集』十一）など先学の研究がある。最近は、山本ひろ子氏「常行堂と摩多羅神」（『日光山輪王寺』六十二号）と同氏著『異神』が、役に立つ研究である。

六　日光山の神事

ところで、この延年舞は、鎌倉時代に入って、建久七年（一一九六）、弁覚座主のときに、日光三所大権現の神事として、三月会（三月二日）の折りに、天下泰平・国土豊饒を祈る舞として修せられるようになった。そして、時代はいつかわかりかねるが、七月庭立法儀と八月の大念仏会に舞われたという。

江戸時代、元和三年（一六一七）、東照大権現つまり今の東照宮が日光山に鎮座されてからは、三月会と東照社の祭礼（四月十七日）とに、日光三所大権現と東照三所大権現との神事として、昔の三仏堂前に敷舞台を設け野天で、延年舞が舞われていたのである。現在は、変遷を経て、五月十七日に、現三仏堂の堂内に敷舞台を設けて修するようになった。そして東照宮の祭礼は、翌十八日に渡御祭として行なわれているのである。

因みに、東照宮の祭礼に、三基の神輿の渡御があるが、この三基とは東照三所大権現の三所の神輿であって、三所は東照大権現を中心に、山王権現と摩多羅神の三神を指しているのである。三神輿の紋をみてみると、葵の紋を頂く神輿は、いうまでもなく東照大権現であり、巴紋は山王権現で、抱茗荷《だきみょうが》紋は摩多羅神なのである。現存する摩多羅神の画像をみると、摩多羅神は冠・狩衣姿で、鼓を打っており、そこに侍する二童子は、茗荷と笹とを持って舞っている姿

摩多羅神二童子像（日光山輪王寺蔵）

で描かれている。摩多羅神の神輿の抱茗荷紋は、これに由来するものである。

七　現存唯一の舞

さて、日光山の延年舞は、現在他に類例のない舞として、嫡々相伝されている。ところで、二人舞で、俗衆によって舞われる日光山の延年とよく似た舞が、高寺と吹浦とに伝えられている。高寺では、田楽と称しているものの中に、「大小舞」という二人舞があり、烏帽子を被り、直面を着け、狩衣・袴姿で、右手に扇を持って舞うのである。この他にもと「納曽利」「蘭陵王」が舞われていたが、今は亡んでしまった。吹浦でも田楽といわれる中に、「大小の舞」がある。高寺の舞とよく似ていて、男子二人が装束を着け、日月を置いた立烏帽子を被り、扇を振って舞踏するものである。これらの舞の中には、舞楽の曲目もみられることから、実際は延年田楽のような田楽能に近いもので、日光山の舞とは異なるものである。やはり、日光山の延年舞は、天下唯一の独自の舞であり、その舞頌も独特のものであるといえる。

かつては、奈良・京都の都を中心とする大社寺で伝承されていた延年が、明治の廃仏毀釈によって廃絶してしまったことは残念である。もし古都で行なわれた延年舞が少しでも残っていたならば、日光山の延年舞との相互の関係が、少しはわかったのではないかとの希望はもつが、すべて儚い願いとなってしまった。

あとがき

本書は、主として依頼された講演と、研究誌に掲載された若干の論文がもとになっている。講演の場合は、速記原稿をかなり補筆しなければ、読める文章とはならないので、相当の部分にわたって修文している。ただ、講演会での臨場感もなくてはならないと思い、それなりの努力もした。うまく読者に受け入れられるかどうかは、読者の判断に任せることにする。

各論文の掲載誌と初出年代は、次の通りである。

Ⅰ　神仏習合とは何か

神仏習合の諸相　『仏教文化講座たより』五十一号　平成八年九月一日　妙法院門跡

中世神道形成の背景　『東洋の思想と宗教』十三号　平成八年三月二十五日　早稲田大学東洋哲学会（早稲田大学定年退職時の最終講義）

御霊信仰とは何か　新稿

II　日本天台と神

日本天台の開宗と教え　『日本天台の開宗と教え』　平成八年九月三十日　天台宗栃木教区布教師会

慈覚大師の入唐求法　『日光山輪王寺』六十三号　平成八年十一月十五日　日光山輪王寺

山王神道の教えと救済　『浅草寺　仏教文化講座』四十五集　平成十三年七月刊行予定　浅草寺

III　日光山の歴史と宗教

日光山の歴史と山岳信仰　『日光山輪王寺』六十三号平成八年十一月十五日日光山輪王寺

平安末の日光山―観纏・頼朝・義兼―　『日光山輪王寺』五十九号　平成六年一月十五日　日光山輪王寺

天海の神道と東照大権現―山王一実神道の本質―　『日光山輪王寺』六十二号　平成七年十二月十五日　日光山輪王寺

IV　日光山の信仰と文化

日光山の信仰と文化財　『日光山輪王寺』六十七号　平成十二年四月二十日　日光山輪王寺

「二世権現」家光公　『日光山輪王寺』六十七号　平成十二年四月二十日　日光山輪王寺

日光山の延年舞　『日光山輪王寺』六十四号　平成九年十一月十日　日光山輪王寺

本書の刊行に至るまでには、いろいろな事情があった。その困難な状況の下で、この書の上梓が滞ることなく進捗したのは、一つに編集に携わって、私の我が儘を快く聞き入れて下さった中嶋廣氏の努力に依るところ大である。中嶋氏がいなければ、本書の完成はおぼつかなかったのである。また、中嶋氏とともに忘れてならないのが、瀧川紀女史である。本書の刊行の最初の橋渡しは瀧川女史であった。瀧川女史のやむをえない事情で、中嶋氏に編集が移された。この両氏の恩情がなければ、拙著の刊行はできなかったであろう。そして、法藏館より出版することのできたのも、法藏館及び両氏の熱意によるものであった。誠に感謝に堪えない。厚くお礼申し上げる。

平成十三年六月吉日

菅原信海

菅原信海（すがわら　しんかい）
早稲田大学第一文学部東洋哲学専修卒業
早稲田大学名誉教授　文学博士
天台宗勧学　大僧正
日光山輪王寺執綱　輪王寺宝物殿館長
編著書『山王神道の研究』
　　　『日本思想と神仏習合』
　　　『神仏習合思想の展開』など

日本人の神と仏
—日光山の信仰と歴史—
二〇〇一年八月一〇日　初版第一刷発行
著　者　菅原信海
発行者　西村七兵衛
発行所　株式会社 法藏館
京都市下京区正面通烏丸東入
郵便番号六〇〇-八一五三
電話〇七五(三四三)五六五六
振替〇一〇七〇-三-二七四三
印刷・製本　(株)シナノ
乱丁・落丁本の場合はお取り替え致します
ISBN4-8318-5676-2　C1015